D1641433

Henry G. Brandt

מתוקים מדבש

Süßer als Honig

Herausgegeben von
Paul Yuval Adam und Irith Michelsohn

JVB
JÜDISCHE
VERLAGSANSTALT
BERLIN

Für die finanzielle Unterstützung der Drucklegung
sagen wir herzlichen Dank:

Zentralrat der Juden in Deutschland
Allgemeine Rabbinerkonferenz
Landesverband der Jüdischen Gemeinden Westfalen-Lippe
Landesverband der Jüdischen Gemeinden von Niedersachsen

Henry G. Brandt: Süßer als Honig
Herausgeber: Paul Yuval Adam und Irith Michelsohn
Projektabwicklung und Gesamtherstellung:
scherrer · agentur für gestaltung und produktion, hannover

Vorwort

„„Honigseim träufeln deine Lippen, o Braut, Honig und Milch unter deiner Zunge"
(Hohelied 4:11)

Rabbi Jose ben Chanina sagte: Derjenige, der Worte der Tora in der Öffentlichkeit spricht [für diesen gilt, dass] wenn seine Worte seinen Zuhörern nicht Honigseim gleich angenehm sind, es besser wäre, dass er sie nicht gesprochen hätte.
(ShirR 4:22)

Jeder, der Landesrabbiner em. Dr. hc. Henry G. Brandt schon einmal, meist frei, hat predigen hören, kann bestätigen, dass keines seiner Worte umsonst gesagt wurde. Rabbiner Brandt gehört zu den herausragenden jüdischen Predigern der vergangenen 24 Jahre in Deutschland.

Die wöchentlichen Thoraabschnitte bieten einen reichen Fundus, um die Wichtigkeit für jeden Zuhörer oder Leser für unsere Zeit relevant in ihrer Bedeutung hervorzuheben. Die Freude an der Tora spiegelt sich in dem Titel dieser Sammlung direkt wieder, denn „süßer als Honig" zeigt auch das Anliegen Rabbiner Brandts, die direkten Zusammenhänge der Toratexte mit dem heutigen Leben aufzuzeigen.

Vor 24 Jahren kam Rabbiner Brandt, geborener Münchener, wieder in das Land seiner Geburt zurück, um hier an verschiedenen Stellen wichtige Aufbauarbeit zu leisten. Er war von seinem Elternhaus und seiner Ausbildung her dem liberalen Judentum verpflichtet. Diese Einstellung hat er in Deutschland auch zu einer Zeit nach außen vertreten, als dies nicht opportun schien. In einer Zeit, in der praktiziertes liberales Judentum nur - vielleicht mit Ausnahme Berlins - in den amerikanischen Militärgemeinden stattfand, in der man von nicht-orthodox geführten Einheitsgemeinden nicht zu träumen wagte und die Vorstellung eines organisierten liberalen Judentums in Deutschland jenseits der Vorstellungskraft lag, hat er diese Möglichkeit mit sanfter Eindringlichkeit in jüdischen und nichtjüdischen Kreisen vertreten. Es war nicht immer leicht, für die eigene der aufgeklärten Haltung des deutschen Judentums vor der Shoa verpflichtete Meinung einzustehen.

Rabbiner Brandts liberale Einstellung, die Synthese von Offenheit und Traditionsverbundenheit kommt auch in seinen Predigten zum Ausdruck, sowie auch eine andere wichtige Eigenschaft, seine Bereitschaft Dinge, die im Argen liegen, deutlich anzusprechen.

Eigentlich müssen Predigten gehört werden, nur so können sie ihre volle Kraft entfalten, dennoch geben die hier gesammelten Texte einen guten Eindruck und Einblick in Rabbiner Brandts Denkweise.

Die Allgemeine Rabbinerkonferenz Deutschland freut sich darüber, bei der Herausgabe dieses neuen Bandes mit Predigten ihres Gründungsvorsitzenden anlässlich seines 80sten Geburtstags behilflich sein zu können.

Rabbiner Jonah Sievers
Schriftführer der Allgemeinen Rabbinerkonferenz Deutschland

Zusammen auf fragilem Steg !!!

Es war ein bewegender Moment im März 2006 als Rabbiner Henry G. Brandt und Kardinal Kasper, der ehemaliger Landesrabbiner von Westfalen-Lippe, und der nach dem Papst ranghöchste Vertreter des Vatikans in Beziehungen zum Judentum, sich umarmten. Dies geschah in Berlin, wo sich zum ersten Mal in der Geschichte Vertreter des Vatikans, gemeinsam mit Vertretern der Evangelischen Kirche mit den in Deutschland amtierenden Rabbinern trafen und austauschten. Für uns, die dabei sein durften, war es ein besonderer Augenblick, aber für Rabbiner Henry G. Brandt war es noch viel mehr, es war gewissermaßen das Einbringen „der Früchte des Ackerns über Jahre hinweg", wie er es an diesem Abend ausdrückte. Das Lebenswerk Henry Brandts, die Texte dieses Buches belegen es, ruht auf zwei Säulen, dem Wiederaufbau der jüdischen Gemeinden in Deutschland nach der Shoa und der Neubestimmung des Verhältnisses von Juden und Christen.

Im Jahr 1985 wählten ihn die Delegierten der Gesellschaften für Christlich-Jüdische Zusammenarbeit zu ihrem jüdischen Präsidenten und seither steht Rabbiner Henry Brandt in der Öffentlichkeit nicht nur für die jüdischen Gemeinden, die er betreut, berät und unterstützt, sondern auch für das Christlich-Jüdische Gespräch. Er engagiert sich auf Kirchentagen, hat mitgewirkt bei Synodalerklärungen der evangelischen Kirche, arbeitet mit im Zentralkomitee Deutscher Katholiken, und hat Wesentliches dazu beigetragen den Deutschen Koordinierungsrat der Gesellschaften für Christlich-Jüdische Zusammenarbeit zu einem respektierten Partner für Kirche und Politik zu machen. Vor mehr als zwanzig Jahren, als die jüdischen Gemeinden noch vom Aussterben bedroht waren, hat Henry Brandt schon Rundfunkpredigten gehalten, der deutschen Öffentlichkeit einen Weg in die jüdische Welt gezeigt, und einen Einblick in jüdisches Denken ermöglicht. Ihm ist es zu verdanken, dass die jüdische Stimme, die einst so klangvoll und vielstimmig in diesem Land zu hören war, nicht ganz verstummte in einer kargen Zeit.

Viele dieser frühen Texte – Auslegungen des Wochenabschnittes für die jüdische Gemeinde, die oft zu Rundfunkansprachen für eine jüdische und nicht-jüdische Zuhörerschaft wurden – haben die Herausgeber dieses Buches gesammelt und aus Anlass seines 80. Geburtstages veröffentlicht. Sie alle zeugen von einer tiefen Zuneigung zu den Menschen, aber auch davon, dass hier ein Rabbiner spricht, der uns Menschen kennt, in unseren Unzulänglichkeiten und Nöten, in unseren bohrenden Zweifeln und bitteren Fragen. Für uns alle, und da macht es keinen Unterschied, ob ein Jude – eine Jüdin, ein Christ – eine Christin, ein Muslim – eine Muslima, oder ein religionsferner Mensch ihm zuhören, holen diese Predigten die uns oft fremd gewordenen alten biblischen Geschichten hinein ins Zentrum unseres Lebens, hinein in unseren modernen Alltag. Und doch sind diese Auslegungen tief verwurzelt in der Jahrtausende alten Tradition rabbinischer Schriftauslegung. Listig führt dieser Rabbiner der Moderne seine Zuhörer zurück zu den alten Quellen.

Die meisten seiner Predigten beginnen mit einer Geschichte, einer Geschichte, die Zuhörer und Leser sofort gefangen nimmt: „Eine Totenstille hatte sich über den Thronsaal des pharaonischen Palastes gelegt." Und schon sind wir mitten drin in dieser Geschichte von Macht und scheinbarer Ohnmacht. Eine sehr moderne Geschichte, die wir alle schon mal erfahren haben. Eine Geschichte am Anfang öffnet die Tür für das, was folgt, sie ist sozusagen die Bildebene des kargen biblischen Textes. Die Geschichten, die Rabbiner Brandt so bildhaft erzählt, erleichtern die Erfahrung von Gottes Präsenz in unserem Leben, sie sind eine Form der Vergewisserung Seiner Gegenwart an den unmöglichsten Orten.

Am 25. September, dem Geburtstag von Henry Brandt, verehrt die Katholische Kirche Nikolaus von Flüe, Schutzpatron der Schweiz, ein Land, zu dem er eine besondere Beziehung hat, und von dessen Schutzpatron gesagt wird: „Er war einer jener Menschen, welche, obwohl zutiefst verbunden mit der Wirklichkeit ihrer Zeit, vollkommen eins waren mit Gott". Ist es ein Zufall, dass dieser Satz auch auf Rabbiner Brandt zutrifft? Vielleicht illustriert diese Heiligen-Geschichte sogar auf besondere Weise das Wirken und Handeln des Rabbiners.

Nikolaus von Flüe, ein Schweizer Bauer, lebte im 15. Jahrhundert. Er engagierte sich in öffentlichen Angelegenheiten seines Heimatkantons als Ratsherr und Richter und gehörte zu den angesehensten Bürgern der Gegend. Im Alter von 50 Jahren verließ er seine Familie und seinen Besitz und lebte als Einsiedler auf einer Alm. Als Bruder Klaus war er ein gesuchter geistlicher und politischer Ratgeber für die Großen und Mächtigen aber auch für die armen Bauern der Gegend. Er wurde weit über seinen Kanton hinaus bekannt als Friedensstifter, vor allem auch weil er die Eidgenossenschaft im Dezember 1481 vor der endgültigen Spaltung bewahrte, und Frieden stiftete zwischen den Parteien. Überliefert sind von ihm nur einige Sätze so wie dieser: „Macht den Zaun nicht zu weit, damit Ihr eure Freiheit genießen könnt, aber scheut euch auch nicht, über den Zaun hinaus zu schauen." Ein Satz, der durchaus von Henry Brandt stammen könnte.

Warum habe ich diese Geschichte erzählt? Weil Teile des Lebens eines katholischen Bauern des 15. Jahrhundert bestimmte Facetten eines Rabbiner-Lebens im 21. Jahrhundert beleuchten. Ein angesehener Bürger seiner Stadt, engagiert in öffentlichen Angelegenheiten, ein Friedensstifter, Ratgeber, Lehrer, ein Mensch, der seinen Glauben über die Verständigung mit anderen lebte. Und da treffen sie sich in ihrer Lebensführung, der Schutzpatron der Schweiz aus dem 15. Jahrhundert und der Rabbiner des 21. Jahrhunderts. Ein Dialog über den Zaun, über die Zeiten hinweg.

„Wer den anderen nicht kennt, fürchtet ihn", das ist eine Grundüberzeugung von Rabbiner Brandt. Tief verwurzelt im eigenen Glauben, steht einer vor uns, der sich im Gewühl des Marktplatzes nicht beirren lässt, die Hand dem Anderen zur gemeinsamen Arbeit reicht und Verantwortung für die Verwirklichung gelebter Demokratie übernimmt. Dass jüdisches Leben sich frei entfalte und gemeinsam mit der größeren nicht-jüdischen Welt als gleichberechtigter Partner an einer toleranteren, humaneren Gesellschaft wirke, dafür hat Henry Brandt sich verpflichtet. Und seine Verankerung in und Freude an der jüdischen Tradition geben ihm die Kraft und heitere Gelassenheit, darauf hin zu wirken.

Eva Schulz-Jander
Katholische Präsidentin des Koordinierungsrates
der Gesellschaften für Christlich-Jüdische Zusammenarbeit
Kassel, 17. September 2007

Inhalt

Bamidbar – Numeri

Dewarim – Deuteronomium

בראשית Bereschit – Genesis

Noach, Genesis 6.9–11.32

Von meinem Fenster aus besitze ich einen ungehinderten Blick auf den Rohbau des neuen Fernsehturms der Landeshauptstadt Hannover. Fasziniert habe ich ihn stetig wachsen sehen, bis er nun weit über alle Gebäude der Stadt hinausragt. Sie, meine lieben Zuhörer, mögen sich wohl fragen, warum ich es angezeigt finde, Ihnen von diesem Turm zu berichten, brüstet sich doch jede größere Stadt solch eines Bauwerkes. Das ist es ja gerade: jede Stadt hat solch einen Turm errichten lassen und die Aufregung darüber hat sich jeweils in den engsten Grenzen gehalten. Über die Lokalspalten hinaus ist ein derartiges bauliches Unterfangen kein berichtenswertes Thema mehr. Warum dann dieses Aufsehen angesichts eines Turmbaus in der antiken Stadt Babylon, von dem wir heute noch erzählen?

Erlauben Sie mir, Ihr Gedächtnis aufzufrischen. Im 11. Kapitel des Buches Genesis berichtet die Bibel vom Turmbau zu Babylon. Es war in der Zeit nach der unvorstellbaren Tragödie der Sintflut, als die Anzahl der Menschen schon wieder bedeutend war und gesellschaftliche Strukturen wieder bestanden. Aber lassen wir die Bibel in ihrer eigenen Sprache erzählen: „Es hatte aber alle Welt einerlei Sprache und einerlei Worte. […] Und sie sprachen zueinander: ‚Wohlan lasst uns Ziegel streichen und hart brennen!' Und es diente ihnen der Ziegel als Stein und der Asphalt diente ihnen als Mörtel. Und sie sprachen: ‚Wohlan, lasst uns eine Stadt bauen und einen Turm, dessen Spitze bis in den Himmel reicht: so wollen wir uns ein Denkmal schaffen, damit wir uns nicht über die ganze Erde zerstreuen.' Da stieg der Herr hinab, um die Stadt zu besehen und den Turm, den die Menschenkinder gebaut hatten. Und der Herr sprach: ‚Siehe, sie sind ein Volk und haben alle eine Sprache. Und dies ist erst der Anfang ihres Tuns; nunmehr wird ihnen nichts unmöglich sein, was immer sie sich vornehmen. Wohlan, lasst uns hinabsteigen und dort ihre Sprache verwirren, dass keiner mehr des anderen Sprache verstehe.' Also verstreute sie der Herr von dort über die ganze Erde und sie ließen ab die Stadt zu bauen." Bis hierher der biblische Bericht.

Der Bericht lässt offen, worin das Vergehen der Stadt- und Turmbauer bestanden haben mag. Ich möchte sogar noch weitergehen und fragen, ob die Verwirrung der Sprache und die Zerstreuung der Bewohner Babylons letztlich als Strafe für Sündhaftigkeit anzusehen sind. Man könnte sich zumindest vorstellen, dass diese Entwicklung zu jenem Zeitpunkt im Interesse des Fortschritts der menschlichen Gesellschaft war. Doch im Großen und Ganzen neigen die meisten Interpreten dazu, hier göttliche Reaktion auf menschliches Vergehen zu sehen, was angesichts unserer Erfahrungen im Laufe der Geschichte glaubhaft erscheint. Halten wir fest, was laut Wortlaut der Erzählung gesicherter Tatbestand war: Menschen, die aus dem Osten gekommen waren, erbauten in einer Ebene eine Stadt und in ihrer Mitte einen hohen Turm, dessen Zweck es war, ihr Zusammenbleiben zu gewährleisten, da sie die Zerstreuung über die ganze Erde – das heißt, über weite Flächen – fürchteten. Was daran verwerflich war, ist nicht offensichtlich. Nur die Folgen lassen ahnen, dass etwas in ihrem Verhalten dem göttlichen Willen und Plan widersprach, ob absichtlich oder unwissentlich. So muss es bei Vermutungen bleiben. Aber da die Bibel, auch in ihren erzählerischen Teilen, immer belehrend wirkt, müssen unsere Spekulationen über die möglichen Vergehen der Menschen zu Babylon in Richtung der erfahrungsgemäß hauptsächlichen Schwächen der Menschen gehen.

Selbstherrlichkeit und Größenwahn werden den Turmbauern von Babylon demgemäß von vielen Interpreten zur Last gelegt. Einen Hinweis in dieser Richtung gibt uns der hebräische Text, der sie sprechen lässt: „Lasst uns eine Stadt bauen und einen Turm, dessen Spitze in den Himmel reicht, auf dass wir uns einen Namen schaffen." Sie sprachen eine Sprache; sie verstanden sich und erkannten den Fortschritt ihres technologischen Könnens. Ziegelbrennerei und der Gebrauch von Asphalt als Mörtel erlaubte es ihnen, hohe und starke Gebäude zu errichten. Wen wundert es, wenn sie sich selbst herrlich und großartig fanden, ja göttlich und mächtig. Sie erkannten, dass ihr Zusammenbleiben ihnen Stärke verlieh. Vielleicht gab es bei ihnen ähnliches wie bei uns heute: Die Reichen und Starken wollten ihren Besitzstand und ihre Macht gegenüber den Schwachen und Armen bewahren. Sie wollten mit den „Fremden da draußen" nichts zu tun haben. Und wie heute auch waren es möglicherweise ihr Größenwahn, ihre Arroganz und die Angst um ihren Besitz, die dazu führten, dass sie begannen sich gegenseitig nicht mehr zu verstehen. Unterschiedliche Interessen, Neid, Furcht und vielleicht bereits voneinander abweichende Weltanschauungen und Ideologien mögen dazu geführt haben, dass sie aneinander vorbeiredeten, selbst wenn sie die gleichen Worte benutzten. Ganz, wie es heute ist.

Andere Kommentatoren sehen die Geschichte unterschiedlich. Nicht Arroganz wird den Babyloniern zur Last gelegt, sondern ihr Problem wird im Bereich der Furcht und der Schwäche angesiedelt. Sie hatten Angst aus der Herde hinauszutreten, eigene Wege zu gehen. Mit allen Mitteln wollten sie zusammenbleiben. Doch Gottes Auftrag war: „Füllet die Erde", und das wollten sie vermeiden. Demgemäß war Gottes Tun nicht als Strafe zu werten, sondern als Durchsetzung seines Willens zum Guten der Menschheit und der Welt. Durch die Verwirrung der Sprachen sollten mehr Selbstständigkeit, Selbstvertrauen und Mut, in weiteren Gefilden Wirkungsfelder zu suchen, gefördert werden. Nicht das Verschanzen in der Wagenburg oder in der Stadt sollte menschliches Leben bestimmen, sondern selbstbewusstes Hinausziehen in die freie Welt, die es – beim besten Sinne der Begriffe – zu erobern und zu beherrschen galt, zu bezähmen und zu verwalten.

Sollten uns unsere Fernsehtürme oder unsere Wolkenkratzer, unsere Raumschiffe und Überschallflugzeuge zur Überheblichkeit verführen, oder unser Können und unser Wohlstand zu Egoismus und Exklusivität, so seien wir gewarnt.

— · —

Noach, Genesis 6.9–11.32

In der Beliebtheitsskala der Bibelerzählungen nimmt wohl die Geschichte von der Arche Noachs eine Spitzenposition ein. Sie erfüllt alle Voraussetzungen, um für Lehrer und Schüler erfreulich zu sein: dramatischer Inhalt, anschauliche Bilder besonders aus der Welt der Tiere und ein „Happy End". Wer erinnert sich nicht, in seiner Jugend ein Bild der Arche gezeichnet zu haben, das dann stolz die Wand des Klassenzimmers schmückte: ein großer Kahn mit seinem unverkennbaren Riesenaufbau – der ja eine Menge Tiere beherbergen musste. Oben aus der Luke schaute leutselig und passend bebärtet ein zufriedener Noach heraus.

Als ich mir den Wochenabschnitt für diesen Schabbat Noach durchlas – die Geschichte der Sintflut – rief ich mir dieses Modell in Erinnerung. Doch je mehr ich mich in die Geschichte vertiefte, desto unwohler wurde mir zumute. Der Noach, den ich in der Bibel fand, hatte bald gar nichts mehr mit der gutmütigen Onkelfigur der Religionsschule zu tun. Langsam, wie durch einen grauen Nebel, eröffneten sich mir andere Perspektiven, Bilder, die zusehends weniger mit kindlicher Unschuld und Naivität zu tun hatten; Bilder, die zur Dämmerung der menschlichen Geschichte zurückführten und doch, erschreckend zeitgemäß blieben. Auch in diesen Bildern erscheinen Arche, Tiere, Regenbogen und die Überlebenden: Noach, seine Frau, seine Söhne und deren Frauen. Aber sie stehen nicht mehr im Brennpunkt des Geschehens. Sie sind nur verschwindend winzige Erscheinungen auf einer gigantischen Szene, dominiert von Tod, Verwüstung, Zerstörung – Zeugen unsäglichen Leidens. Und Noach und die Seinen in unbeschreiblicher Einsamkeit nach dem Untergang der Welt. Rings umher nichts als die Stille der vollständigen Vernichtung; die eigenen Stimmen und die Geräusche der Tiere, die Öde nur akzentuierend. Noach erlebte das gerade Überleben, das Gefühl des absoluten Wiederanfangs nach der fast endgültigen Katastrophe, das Leben im Nichts.

Und die Moral von der Geschichte? Denn die Geschichte hat eine Moral, sie ist eigentlich hauptsächlich ihrer Moral wegen erzählenswert. Es ist eine Moral, die wie mit dem Finger auf uns weisend direkt unsere Generation anspricht: mit einer Warnung und einem tröstenden Gedanken. Kurz gefasst, die Moral der Geschichte ist: die Bosheit der Menschen hat die Welt zerstört. Und die Warnung, wenn auch nur implizit: Es kann wieder geschehen. Der tröstende Gedanke: Es liegt im Bereich der Möglichkeiten jeder Generation, sei sie auch nicht die beste, das Unheil zu verhüten.

Im Zusammenhang mit der Geschichte von der Arche Noach klingen meine Behauptungen wohl etwas an den Haaren herbeigezogen. Erinnern sich doch die meisten, dass gerade das Gegenteil der Fall gewesen sein sollte. War es nicht Gott, der beschloss, die Sintflut über die Welt zu senden? Ist nicht der Regenbogen ein immerwährendes Zeichen, dass niemals wieder solch eine Verwüstung über die Menschheit hereinbrechen würde? Und da Noach rechtschaffen war und mit Gott wandelte, wie lässt sich daraus der Schluss ziehen, dass auch eine Generation der Durchschnittsmenschen überleben kann – sogar das Unheil abzuwenden vermag?

Eine genauere Lektüre des Textes gibt die Antwort. Zum Ersten: Die Generation, die durch ihr Verhalten Gottes Zorn – wenn man diesen Ausdruck benutzen kann – auf sich zog, bestand, um die Bibel zu zitieren, aus „Helden der Urzeit, die berühmte Männer waren." „Aber die Erde war von Gewalttaten erfüllt. Alles Dichten und Trachten der Menschenherzen war nur auf das Böse gerichtet." Zwar verwenden wir nicht gerade solch unverblümte Beschreibungen, aber was wir mit großer Verbalkunst so beschönigend umschreiben, läuft letzten Endes auf das Gleiche hinaus. Wir sprechen heutzutage von pragmatischer Politik, nationalen Interessen, Anpassung an die Verhältnisse, wirtschaftlichen Notwendigkeiten, über die vielen „-ismen", welche die Welt nach notwendiger Abrechnung mit Gegnern und Feinden zur Utopie gestalten wollen. Ja, auch unsere Welt ist von Gewalt erfüllt.

Ich weiß nicht, ob jemand noch glaubt, dass man sich auf den Regenbogen beziehen kann, um die Möglichkeiten des großen Endknalls zu verneinen. Steht da doch: „ […] ein Bund […], dass nicht mehr alle Wesen durch die Wasser der Flut vertilgt werden, und keine Flut mehr komme die Erde zu vertilgen." Weiter nichts. Da wird nichts über Feuer und Flamme und schon gar nichts über Kernspaltung und Pilzwolken und Fallout gesagt. Der gewalttätige Mensch hat es in seiner Gewalt, die Erde ein für alle Mal zu zerstören.

Aber da war Noach. Dank seiner Rechtschaffenheit konnte die Menschheit einen neuen Anfang nehmen. Nur stellt sich die Frage, ob wir uns in die Qualitätsstufe eines Noachs einreihen können, ob wir auch Gnade und Rettung verdienen. Da stehen einige kleine Wörtchen, aus denen unsere Weisen lesen, dass es doch so sein könnte. Denn da heißt es: „Noach war ein gerechter Mann, tadellos in seiner Zeit." In seiner Zeit, unter seinen Zeitgenossen mit ihrer Bosheit, war Noach etwas Besonderes. In einer anderen Zeit, unter Menschen von höherem moralischen Kaliber, wären seine guten Eigenschaften nicht bemerkenswert gewesen. Daraus schließen einige Kommentatoren, dass es genügt, im Verhältnis zur Umwelt das dem Menschen Bestmögliche zu tun, wenn das Bestmögliche auch nicht immer so etwas Besonderes sei. Nachdem wir wissen, dass wir keine Heiligen sind, dass wir auch von den Unwerten der Zeit angesteckt sind, hilft es uns doch zu wissen, dass wir den Versuch zur friedlichen, brüderlichen, gerechten Lebensweise unternehmen können, und dass auch dieser Versuch und diese Anstrengung ihren Sinn haben. Die Aussicht auf Erfolg ist ein Ansporn zur Tat.

Lech Lecha, Genesis 12.1–17.27

Der Besitz eines Namens ist für jeden von uns eine natürliche Selbstverständlichkeit. Unsere Namen identifizieren uns ganz persönlich und weisen unter Ausschluss aller anderen Menschen auf uns als Individuen hin. Deshalb ergeben sich Probleme, wenn es geschieht, dass in einer gesellschaftlichen Gruppe zwei oder mehrere Mitglieder den gleichen Namen tragen. Dann müssen noch zusätzlich beschreibende Worte herangezogen werden, um die Unverkennbarkeit der Einzelnen zu besorgen. So wird aus Hans Müller „der kleine Hans Müller" oder „Hans Müller, der Dicke" oder „der Hans Müller von der unteren Wiese".

Heutzutage gehen wir ziemlich oberflächlich und leichtfertig mit Namen um. "What's in a name?!" hört man oft im Englischen: Was ist schon ein Name?! Die Lehren der Effizienz haben den Vorteil der Nummer als Erkennungsmittel verführend besungen und den Stolz am Besitz unseres Namens zusehends geschwächt. Wir sind schon zufrieden, Namen zu tragen, die modisch annehmbar und für bürokratische Zwecke praktisch sind; nicht zu sehr aus dem Rahmen fallend und nicht zu viel Aufsehen erregend.

In früheren Zeiten, auch in der Epoche der Bibel, war das offenkundig anders. Im Torahwochenabschnitt dieses Schabbats kommt dies ganz besonders deutlich zum Ausdruck. Zu dieser Jahreszeit lesen wir aus dem ersten Mosesbuch, die Erzählung der Lebensgeschichte unseres Erzvaters Abraham, oder genauer gesagt Awram, und seiner Frau Sarai. Unter diesen Namen, Awram und Sarai, waren sie bekannt, als sie aus ihrer Heimat Mesopotamien auszogen. Bei diesen Namen rief man sie in Ägypten, als sie sich in Kanaan niederließen, und als Gott mit ihnen seinen Bund schloss. Fast ein

Jahrhundert lang trugen Awram und Sarai diese Namen. Erst anlässlich einer erneuten, späteren Bestätigung des Bundes und bei der Verkündung, sie würden noch im hohen Alter einen Sohn zeugen, der ihr Vermächtnis übernehmen und weiterführen würde, erhalten sie von Gott neue, abgeänderte Namen. Aus Awram wird Awraham und aus Sarai Sarah. Ich möchte hier und jetzt nicht auf die Etymologie und auf die verschiedenen Interpretationen dieser Namen eingehen, sondern nur darauf hinweisen, wie wichtig die Namensgebung damals genommen wurde. Ohne dies wäre sie ja ohnehin sinnlos gewesen. W. Gunther Plaut, in seinem Kommentar zu dieser Stelle, erinnert daran, dass ähnliche Namensänderungen auch andernorts in der Bibel vorkommen. So wird, zum Beispiel, Jakob in Israel, Hosche in Jehoschua umgewandelt. „In jedem Fall", schreibt Plaut, „symbolisiert die Namensgebung eine Änderung der Persönlichkeit oder des Status des Trägers. So ist es auch, dass Könige und Päpste bei ihrer Thronbesteigung neue Namen annehmen, und so halten es auch Nonnen und Mönche beim Eintritt in ihre Orden."

Auch den Aussagen der Propheten liegt die Bedeutsamkeit der Namensgebung zu Grunde. Sie erachten es als selbstverständlich, dass Namen mit Ernst und im Bewusstsein ihrer Bedeutung gewählt werden. Oft gaben sie ihren eigenen Kindern Namen, die für ihre Hörer das Wesentliche ihrer Prophezeiungen versinnbildlichen sollten. Denken wir nur an Sche'ar Jaschuw („ein Rest wird zurückkehren"), an Ruchamah („die Begnadigte"), aber auch an Immanuel („Gott ist mit uns") und viele andere mehr.

Überhaupt vermitteln uns die meisten in der Bibel angeführten Namen den klaren Eindruck, sie seien sorgfältig als bewusste Aussagen gewählt worden. Vor allem sind sie Glaubensbekenntnisse oder Ausdruck der Hoffnung und des Gebets um Gottes Schutz und Gnade: Elizur – Gott ist mein Fels, Schelumiel – Gott ist mein Friede, Netan'el oder Jonathan – Gott hat gegeben, Achieser – mein Bruder ist meine Hilfe, Jirmijahu – Gott sei erhöht, Joschafat – Gott ist Richter, usw. Zu den persönlichen Namen fügen sich noch die Familiennamen oder die Namen der Väter dazu. Damit wird die Zugehörigkeit zur größeren Sozialeinheit zum Ausdruck gebracht und folgerichtig auch die gegenseitige Abhängigkeit und Verbundenheit. Je wichtiger man die Namensgebung einschätzt, desto mehr Gewicht gewinnt dieser Punkt. Daraus ergibt sich auch die Bedeutung, die einem guten Namen beigemessen wird. Auch heute noch, und obwohl - wie bereits gesagt - wir es mit den Namen nicht mehr so ernst meinen, sind Bemerkungen wie „Er hat einen guten Namen", „sein Name stinkt", „diese oder jene Familie erfreut sich eines guten Namens" noch immer kraftvolle Aussagen.

Im Judentum geht dies so weit, dass man viel und oft von Gottes Namen spricht. Ja, das Wort „Haschem" – der Name – steht stellvertretend für den Ausdruck „Gott".

Nur so kann man Stellen in der Bibel und im Gebetbuch verstehen, die von der Heiligung, der Entweihung oder dem Missbrauch des göttlichen Namens sprechen. Wie auch beim Menschen, weist sein Name auf Gottes Einzigartigkeit zum Ausschluss alles Anderen hin. Nur, in seinem Fall, steht „der Name" für absolute Macht, Vollkommenheit, Heiligkeit und vieles mehr. Aber er bedeutet auch hier eine bestimmte Abhängigkeit. Sonst könnte der Mensch durch sein Tun und Walten Gottes Namen nicht erniedrigen oder erhöhen, heiligen oder entweihen. Wie in der Familie fällt der gute oder schlechte Ruf des Einzelnen zurück auf die, die den gleichen Namen tragen. So hat besonders der Jude aus Jahrtausenden Erfahrung gelernt, dass jeder Einzelne den guten Namen seines Glaubens, seines Volkes, ja, auch seines Gottes in der Hand hält. So preist Elieser, der Diener Abrahams, nach gelungener Mission für seines Herrn Sohn eine passende Frau zu finden, den Gott seines Meisters Abraham. Na'aman, Feldherr von Aram, quittiert seine Heilung durch den Propheten Elischa, indem er den Glauben an den Gott Israels annimmt.

Ein Midrasch erzählt: Eines Tages beauftragte Rabbi Schimon ben Schetach seine Schüler, ihm von einem Araber ein Kamel zu erwerben. Als sie ihm das Tier brachten, teilten sie ihm fröhlich lachend mit, sie hätten am Halsband des Kamels einen kostbaren Edelstein entdeckt, von dem der Verkäufer anscheinend gar nichts wusste. Zornig wies sie der Rabbi zurecht: „Glaubt ihr mich einen Barbaren, dass ich den kalten Buchstaben des Gesetzes, der mir wirklich diesen Stein zusprechen würde, nutzen werde, um einen anderen Menschen zu übervorteilen? Gebt den Stein sofort zurück!" Der erstaunte Araber rief in seiner Freude aus: „Gepriesen sei der Gott Schimon ben Schetachs! Gepriesen sei der Gott Israels."

Wir haben von unseren Eltern Namen erhalten. Unser Einverständnis wurde nicht erfragt. Was aber dieser Name nun bedeutet und besagt, ob er als gut oder schlecht gilt – dafür tragen wir selbst die Verantwortung. So wie es geschrieben steht: tow schem tow mischemen tow – ein guter Name ist besser als viel Reichtum.

Wajera, Genesis 18.1–22.24

Erzählungen sollten, um berechtigterweise in einem Schabbatprogramm vorgetragen zu werden, einen erbaulichen und lehrhaften Inhalt aufweisen. Natürlich dürfen sie auch humorvoll und amüsant sein, doch das Unterhaltende allein darf für ihre Wahl nicht ausschlaggebend sein. Die jüdische Literatur besitzt eine fast unerschöpfliche Zahl von Erzählungen, die dem angeführten Kriterium standhalten, besonders in den Midraschim, den homiletischen Geschichten und Berichten, die gleichermaßen viel über Zeit und Leute wie auch über Lehren des Judentums aussagen.

Eine dieser Erzählungen berichtet von Rabbi Schimon bar Jochai, einer der großen Leuchten der Torah, der zu einer Zeit lebte, als es an solchen Größen keinen Mangel gab, im 2. Jahrhundert unserer Zeitrechnung.

Eines Tages betete Rabbi Schimon zum Allmächtigen, er möge ihm doch den Platz zeigen, der für ihn im Paradies reserviert sei. Sein Gebet wurde erhört und es wurde Rabbi Schimon eröffnet, dass sein Nachbar in der kommenden Welt ein Metzger sein werde. Als er dies hörte, war der gelehrte und verdienstreiche Rabbi überaus erstaunt: „Wie kann so etwas sein?", fragte er sich unmutig. „All meine Tage und Nächte habe ich mit dem Studium der heiligen Torah verbracht, und all mein Streben war immer nur die größere Verherrlichung des Namen Gottes. Weshalb verdiene ich nun diese Erniedrigung im Paradies, neben einen einfachen Metzger gesetzt zu werden?" Diese Frage ließ ihm keine Ruhe und er beschloss, den genannten Metzger aufzusuchen, um zu sehen, welch Geistes Kind er sei und ob an ihm etwas Besonderes sei, das seine Bevorzugung erkläre.

Rabbi Schimon kam in die Stadt, in welcher der Metzger lebte. Er erfuhr, dass er ein reicher Mann war, und so erbat sich der berühmte Rabbi bei ihm Unterkunft und Gastfreundschaft. Diese wurden ihm natürlich gewährt, denn der Metzger fühlte sich geehrt durch den hohen Besuch und er erwies seinem Gast alle Ehren, die dessen Rang entsprachen.

Einmal, nach der Abendmahlzeit, lud Rabbi Schimon seinen Gastgeber ein, mit ihm ein wenig zu spazieren. Als sie so dahergingen, fragte er ihn: „Sag mir, welchen Dingen hast du eigentlich dein Leben gewidmet?" Der Metzger antwortete: „Ich weiß, ich bin ein Sünder. Ich habe das Studium der Torah vernachlässigt und habe all meine Energien in mein Geschäft gesteckt. Zu Anfang war ich arm, aber im Verlauf der Zeit stellte sich der Erfolg ein und ich wurde erst wohlhabend und dann reich. Aber ich darf sagen, dass ich die Notleidenden und die Armen niemals vergaß, jeden Schabbat versorgte ich diese mit Fleisch für den Feiertag und verteilte Almosen." Der gute Rabbi war noch gar nicht überzeugt. War Almosengeben und eine großzügige Behandlung der Armen durch einen Mann, der es sich sowieso leisten konnte, genug, um einen Platz neben ihm im Paradies zu erwerben? „Es scheint mir, du musst noch etwas Anderes, Verdienstvolleres in deinem Leben getan haben?", fragte er weiter. Nachdenklich gingen sie weiter. „Ich kann an nichts Außergewöhnliches denken", sprach der Metzger nach einiger Zeit, „außer einer vielleicht doch besonderen Episode. Es war zu der Zeit, da war ich noch der Zollbeamte im Hafen der Stadt. Jedes Schiff, das den Hafen anlief, musste ich untersuchen, die Ladung feststellen und die Zölle erheben. Einmal ging ich meinen Pflichten auf einem dieser Segler nach, da sprach der Kapitän zu mir: ‚Ich habe diesmal eine besonders wertvolle Ladung auf meinem Schiff. Vielleicht willst du sie erwerben?' ‚Zeig sie mir', forderte ich ihn auf. Da brachte er zweihundert jüdische Sklaven in Ketten auf das Deck und erklärte, er wolle für sie alle zehntausend Stücke Gold, sonst würde er sie allesamt ins Meer werfen lassen. Es waren junge Leute, Mädchen und Jungen, die in einem Feldzug irgendeiner Armee gefangengenommen worden waren, um als Sklaven verkauft zu werden. Sie waren in einem bejammernswerten Zustand und Gram hatte ihre Gesichter gezeichnet. Ich hatte Erbarmen mit meinen jüdischen Brüdern und Schwestern. Ich kaufte sie und brachte sie ans Land. Dann kleidete ich sie ein, speiste sie und gab ihnen Unterkunft. Den jungen Leuten im heiratsfähigen Alter gab ich eine Mitgift und ich ließ sie heiraten nach den Geboten Moses und Israels.

Nun war unter diesen jungen Leuten ein schönes Mädchen, das meine Sympathie besonders erweckte und so wählte ich sie als Braut für meinen eigenen Sohn. Ich lud alle meine Bekannten und Freunde zu einem großen Hochzeitsfest und mit ihnen all die ehemaligen jüdischen Sklaven, die ich damals freigekauft hatte. Da bemerkte ich einen Jüngling, der abseits saß und bitterlich weinte. Natürlich war ich erstaunt, inmitten der Freude und dem Trubel so etwas zu sehen und fragte ihn nach der Ursache seines Kummers. Aber er antwortete mir nicht. Da führte ich ihn in ein ruhiges Zimmer, und als wir dann allein waren, erzählte er mir Folgendes: An demselben Tag, an welchem er und seine Freunde und Freundinnen gefangengenommen wurden, sollte er das Mädchen heiraten, das nun die Frau meines Sohnes geworden war. Er liebe sie immer noch inniglich und deshalb breche sein Herz aus Schmerz.

Ich versuchte ihn zu trösten und bot ihm eine große Summe Geldes, um ihm das Entsagen leichter zu machen. Er aber antwortete mir: ‚Besser ich könnte dieses Mädchen zur Frau haben als alles Gold und Silber in der Welt. Aber nun ist sie bereits mit deinem Sohn verheiratet.'

Als ich diese Worte hörte und sah, wie tief sein Gram und seine Liebe war, da erzählte ich meinem Sohn von dieser Sache.

‚Das habe ich wahrlich nicht gewusst', sagte mein Sohn zu mir, ‚ich werde ihr sofort einen Scheidebrief ausstellen lassen, dass sie den Mann, den sie liebt, heiraten kann.' Und dies tat er dann auch. Ich gab ihr eine reiche Mitgift und arrangierte das Hochzeitsfest für den Jüngling und dieses junge Mädchen!"

Da rief der Rabbi Schimon aus: „Gepriesen sei der Ewige, der verfügt hat, dass ich neben dir im Paradies sitzen darf!"

Wajera, Genesis 18.1–22.24

Es ist anzunehmen, dass es immer schon religiöse Besserwisser und Eiferer gab, seitdem der Mensch begann, an eine höhere Macht zu glauben. Ich finde solche Leute beklemmend und unangenehm. Meistens hören sie weder Einwände noch abweichende Meinungen und Standpunkte, sondern sie sind nur mit der Darstellung der Vorzüge der eigenen Sache beschäftigt. Ich gehöre zu denen, die beruflich mit Glaubenssachen und religiösen Anliegen zu tun haben, und ich bin sicher, dass ich mir manchmal selbst unwürdigen Eifer und eben Besserwisserei habe zu Schulden kommen lassen. Deshalb schätze ich es, wenn man von Zeit zu Zeit zur Ordnung gerufen wird, und - vorzugsweise liebevoll - wieder in die Bahnen der Toleranz und des Verständnisses für den Andersdenkenden geführt wird.

Leider bleibt es manchmal nicht beim Versuch der verbalen Überzeugung. Viele wohl dokumentierte Fälle beweisen, dass oft materielle Vergünstigungen (Geld, Wohnung, Speise und Trank) angewandt werden, um der Überzeugungskraft des Wortes Nachdruck zu verleihen. Solch eine Art Mission ist wohl für jeden aufrichtig Glaubenden eine Abscheu und wird von keiner sich selbst respektierenden Konfession unterstützt. Die Idee, über dieses Thema ein bisschen nachzugrübeln, kam mir im Zusammenhang mit dem Studium des Torahwochenabschnitts für diesen Schabbat. Eigentlich nicht durch den Bibeltext selbst, sondern durch die Lektüre einiger damit verbundener homiletischer Erzählungen. Eine davon hat mir so gut gefallen, dass ich sie mit Ihnen, meine lieben Hörer, teilen will. Insbesondere gefiel mir, dass unsere Weisen – die in diesen Midrasch-Geschichten keinen Anspruch auf geschichtliche Zuverlässigkeit erheben – gerade einen Patriarchen und seine Fehler als Lehrobjekt aufstellen. Für mich gewinnt seine Gestalt durch dieses Zugeständnis seiner menschlichen Eigenschaften an Größe und Erhabenheit und insbesondere an Nähe.

Der Ausgangspunkt der Erzählung ist der Umstand, dass im ersten Teil unseres Wochenabschnitts von der großzügigen Gastfreundschaft Abrahams die Rede ist. So berichtet dann der Midrasch, dass einmal ein alter Mann in die Nähe der Wohnstätte Abrahams kam. Er setzte sich unter einen Baum und begann dort, seine karge Wegzehrung aus seinem Sack auszupacken. Abraham, von dem man sagte, er habe immer nach vorbeiziehenden Fremden Ausschau gehalten, um ihnen Gastfreundschaft anzubieten, sah dies von der Öffnung seines Zeltes aus. Er eilte zu diesem alten Mann und bat ihn, doch bei ihm einzukehren. Er würde ihm Wasser zum Waschen sowie Speise und Trank zu seiner Erfrischung bringen lassen, und dann könne sich der Fremde in der Kühle seines Zeltes ausruhen, bis er sich wieder auf den Weg machen wolle. Etwas schroff und bestimmt lehnte der alte Heide Abrahams Einladung ab und erklärte, ihm sei genug, was er habe. Aber Abraham ließ nicht von ihm ab, bis der Alte sich endlich überreden ließ und Abraham in sein Heim folgte. Abraham bewirtete seinen Gast mit dem Besten seines Hauses und ließ es ihm an nichts fehlen. Er selbst stand dabei und bediente den Fremden. Dieser aß in Ruhe und würdiger Gelassenheit und sprach kein Wort.

Als nun der alte Mann die Mahlzeit beendet hatte, sprach Abraham zu ihm: „Nun, da du gegessen und getrunken hast, danke dem Herrn Gott, Schöpfer aller Dinge, der uns so viel Güte erweist." Unwirsch lehnte der alte Mann dieses Ansinnen ab. „Ich bete nur zu den Göttern aus Holz und Stein, die in meinem Dorf stehen und zu keinem anderen Gott", erklärte er. Abraham ließ es nicht bei dieser Absage bewenden. Lang und breit versuchte er, dem Gast den Fehler seines Glaubens zu beweisen. Er erzählte ihm von der Macht und Erhabenheit Gottes, dass es wahrlich keinen anderen Gott als Gott geben könne, und dass alle Götter nur Trug und Wahn seien. Nun wurde der alte Heide bitterböse: „Nicht genug, dass du mir von diesem Gott, den man nicht sehen und anrühren kann, faselst, nun beleidigst du auch noch meine Götter? Ich habe von dir nicht verlangt mich zu dir einzuladen, so lass mich nun in Ruhe mit deinem Geschwätz." Nun wurde auch Abraham wütend. Zornig beschimpfte er den halsstarrigen Heiden und bezichtigte ihn der Dummheit und des Irrglaubens. Da auch diese Art den Alten nicht umstimmen konnte, eher im Gegenteil, warf Abraham ihn einfach aus seinem Zelt. Ohne ein weiteres Wort zu sprechen, zog der alte Mann von dannen und war bald hinter einer der Sanddünen verschwunden.

Da rief Gott zu Abraham und fragte ihn: „Wo ist der alte Mann, der zu dir ins Zelt kam?" Abraham erzählte ärgerlich von der Weigerung des Alten, Gott anzuerkennen und ihm zu danken, und dass er ihn deshalb hinausgeworfen hatte. Da sprach Gott zu Abraham: „Was hast du getan? Fast eine ganze Lebensspanne habe ich diesen Mann erhalten und ernährt. Die ganze Zeit habe ich mich mit seinem Götzendienst abgefunden und ihn deshalb nicht verstoßen. Und du konntest ihn nicht einmal eine

Stunde dulden und hast einen alten Mann in der Hitze des Tages in die unbarmherzige Wüste gejagt?" Zerknirscht sank Abraham zu Boden und bat Gott um Verzeihung. „Ich verzeihe dir nicht, bis du den alten Mann gefunden und ihn um Verzeihung gebeten hast."

Ohne zu zögern rannte Abraham aus seinem Zelt in die brennend heiße Wüste. Es war nicht leicht, die Spur des einsamen, alten Wanderers zu finden. Doch nach einigem Suchen sah Abraham den Gesuchten seinen Weg ziehen.

Als er ihn erreichte, sank er erschöpft vor ihm nieder und bat um Vergebung für seine Zudringlichkeit, Ungeduld und für die Verletzung der Gastfreundlichkeit. Erstaunt, und von diesem unerwarteten Zwischenfall sichtlich überrascht, ließ sich der alte Mann bald erweichen und verzieh Abraham. Als Abraham in sein Zelt zurückgekehrt war – der alte Heide hatte seine Bitte doch zu ihm zurückzukehren abgeschlagen, da er sich sowieso auf den Weg hatte machen wollen – sprach Gott abermals zu ihm: „Nachdem du das, was mir gefällig ist, getan hast, werde ich mein Bündnis mit deinen Nachkommen nie auflösen. Wenn sie sündigen, werde ich sie bestrafen, aber mein Bündnis wird bestehen auf alle Zeiten."

Toledot, Genesis 25.19–28.9

Wiederholungen müssen nicht langweilig sein und schon gar keine Zeitverschwendung. Darauf weist auch der Umstand hin, dass in der hebräischen Sprache das Verb ‚schano' sowohl ‚wiederholen' als auch ‚lernen' bedeutet. Ein noch besserer Beweis sind die Erfahrungen, die wir mit dem Jahreszyklus der Torahvorlesungen machen. Wie viele von Ihnen, verehrte Zuhörer, wissen, liest man im Rahmen der synagogalen Gottesdienste die Torah, die fünf Bücher Moses, einmal im Jahr von Anfang bis Ende durch. Dabei ist sie in Wochenabschnitte so eingeteilt, dass wir jedes Jahr zum gleichen Zeitpunkt, am Simchat-Torah-Fest, das Ende des fünften Buches erreichen. Sobald die letzten Verse verlesen sind, beginnen wir sofort wieder am Anfang des ersten Buches: „Am Anfang schuf Gott den Himmel und die Erde." Jeder, der also regelmäßig am Schabbat und zu den Festen zum Gebet kommt, hat die gesamte Torah, samt den zugeordneten Prophetenlesungen, viele Male gehört. Aber diese Wiederholungen lassen nicht nur keine Langeweile aufkommen, sie vermitteln eine fortschreitend tiefere Kenntnis und Einsicht in die vielschichtige Materie der heiligen Lehre und erlaubt eine zunehmende Vertrautheit mit Einzelheiten und Nuancen, die man vorher übersehen hat. Sie ermöglicht auch eine intensivere Auseinandersetzung mit den uns vom Text her konfrontierenden Problemen. Was nicht bedeuten muss, dass diese tieferen Kenntnisse immer beruhigend und bequem wirken, insbesondere da wir von Begebenheiten lang vergangener Jahrhunderte mit der Brille unserer Zeit lesen. Der Wochenabschnitt dieses Schabbats ist in diesem Zusammenhang eine interessante Fallstudie.

Der Wochenabschnitt Toledot erzählt uns von Begebenheiten zur Zeit und im Kreise der Patriarchen. Die Hauptpersonen der Erzählung sind Esau und Jakob, wobei anzumerken ist – denn es ist für den Ablauf der Ereignisse von bedeutender Wichtigkeit –, dass streng gesehen und in Minuten gemessen Esau der Erstgeborene war. Was einen bei der Lektüre vor Probleme stellt, ist der Umstand, dass wir unsere illustren Vorfahren, die in religiöser und liturgischer Literatur meist als Beispiele tugendhafter Lebensweise gepriesen werden, in eine tragische Serie von Übervorteilung, Betrug und Irreführung verwickelt finden. Vielleicht war, was hier berichtet wird, im Rahmen der damaligen Gesellschaft und ihrer Gesetze und Gepflogenheiten vollauf verständlich und annehmbar.

Wir aber, mit unseren Vorstellungen von Moral und fair play, verspüren doch ein unübersehbares Unbehagen, oder zumindest stellen sich uns schwierige Fragen, die sich leichter durch fantasievolles Spekulieren als aus dem Text beantworten lassen.

Da ist zum Ersten die Episode vom Verkauf des Erstgeborenenrechts. Die Schrift berichtet, wie einmal Esau, der ungestüme, wilde Jäger, völlig abgespannt und hungrig von der Jagd nach Hause kam. Nach seinen eigenen Worten war er dem Tode nahe. Sein Bruder Jakob war gerade dabei, sich ein Gericht Linsensuppe zu bereiten und sein von Hunger geplagter Bruder bat ihn, ihm davon etwas abzugeben. Uns ist wohl eindeutig klar, was wir von Jakob erwartet hätten, was Brüderlichkeit in solch einer Situation verlangt. Nicht aber Jakob: er hält mit seiner Suppe zurück und verlangt als Gegenleistung von Esau den in Verhältnismäßigkeit auf einer ganz anderen Ebene liegenden Platz und die Rechte des Erstgeborenen. Zu diesem Handel ist Esau bereit.

Etwas später, da der greise und erblindete Vater Isaak das Nahen seines Todes spürt, will er seinen Erstgeborenen Esau segnen. Er trägt ihm auf, Wild zu jagen und ihm eines seiner Leibgerichte zu kochen, dann würde er ihm den Segen spenden. Während der Abwesenheit Esaus auf der Jagd entwickelt sich, was den Anschein eines betrügerischen Komplotts hat. Auf Anweisung seiner Mutter Riwka, bereitet der zweite Bruder, Jakob, einen Ziegenbraten – wohl nach Jägerart – vor, wickelt die Felle um seine Arme und Hände, und gibt sich seinem Vater gegenüber als Esau aus. Dieser, obwohl er zu merken scheint, dass hier etwas nicht ganz im Lot ist, lässt sich überzeugen und verleiht Jakob den Segen des Erstgeborenen. Wie nicht anders zu erwarten, wird mit der Rückkehr Esaus der Betrug offensichtlich, aber Isaak kann die einmal gesprochenen Segensworte nicht rückgängig machen und Esau muss sich mit einem geringeren Segen begnügen. Darob weint er bittere Tränen des Zorns und der Enttäuschung und schwört seinem Bruder schlimmste Rache. Nur die Rücksicht auf seine Eltern und der Auszug Jakobs aus seinem Elternhaus verhindern einen tragischen Mord an Ort und Stelle.

Vehement stellen sich uns die Fragen nach Recht und Unrecht. Dabei stellt sich das Problem, dass die Schrift das Benehmen Jakobs und die Absichten Riwkas nicht explizit verurteilt. Auf der anderen Seiten scheinen die Schriftausleger und Kommentatoren eine Verurteilung in den Text hineinzulesen, indem sie erklären, dass die vielen schweren Prüfungen, die Jakob in seinem weiteren Leben auferlegt werden, der Preis für die Tränen Esaus waren.

Dies alles erscheint uns eine Geschichte plausiblen, wenn auch nicht lobenswerten, menschlichen Verhaltens. Doch wir bemerken auch, dass das Geschehen in ein größeres Muster passt. In all den Patriarchengeschlechtern tritt der jüngere Bruder und nicht der nach zeitlichen Gesichtspunkten Erstgeborene das geistige Erbe des Vaters an: nicht Ismael sondern Isaak, nicht Reuben sondern Josef, nicht Menase sondern Efrajim.

Der Schluss daraus ist, dass geistiges Erbe und Glaubensgut nicht auf Grund mechanistischer, nach Zeitsequenzen zu ermessenden Regeln von Generation zu Generation weitergereicht werden kann. Dazu bedarf es vielmehr der notwendigen Fähigkeiten und Veranlagungen. Diese sind nicht unbedingt gerade bei den Erstgeborenen zu finden, eine Lehre, welche die Geschichten unzähliger Königshäuser und Dynastien bestätigt haben.

Jakob muss noch lange und hart mit sich kämpfen, bis er die besseren Charakterzüge auf Kosten der schlechteren entwickelt. Es ist ein Ringen mit sich selbst, das er aber erfolgreich durchsteht. Schon dadurch zeigt er sich als würdiger Nachfolger seiner Väter.

Eine endgültige Erklärung ist dies wohl nicht. Wir müssen eben nächstes Jahr und die Jahre darauf, so Gott es will, die Geschichte nochmals lesen. Wahrscheinlich werden sich uns dazu dann noch neue Einsichten enthüllen.

Wajeze, Genesis 28.10–32.3

Die Lehre, die sich meines Erachtens aus dem Torahwochenabschnitt dieses Schabbats ergibt, ist hoffnungversprechend, ermunternd und verheißend, ganz besonders für die Jüngeren unter uns. Gerade unter der heutigen Jugend scheint sich ein Gefühl der Hilflosigkeit und der Bedeutungslosigkeit des Einzelnen breit zu machen. In jeder Richtung vermeint man gegen unbezwingbare Grenzen anzurennen, die man schon auf Grund der persönlichen Mängel und Unzulänglichkeiten, welche man in sich selbst zu erkennen meint, als endgültig ansieht. Was wir diese Woche aus der Torah lesen und lernen, ermutigt, solch einer pessimistischen Anschauung entgegenzutreten und sie zumindest in Zweifel zu ziehen. Am Beispiel des hier vorgestellten Textes aus der Geschichte unseres Vorvaters Jakob bejaht die Bibel das Potenzial des Menschen zu wachsen und zu reifen, sich über die vermeintlichen Grenzen seines Charakters und seiner praktischen Möglichkeiten hinaus entwickeln und Umwelt und Ereignisse in ungeahntem Maß beeinflussen zu können.

Der hier besprochene Wochenabschnitt Wajeze könnte mit dem Titel „Das Heranreifen Jakobs" überschrieben werden. Wir greifen die Geschichte des Werdegangs des Patriarchen auf, da er als junger Mann sein Elternhaus verlässt – besser gesagt, verlassen muss – und nun einsam in die Fremde zieht. Was uns die Bibel von seinem bisherigen Verhalten berichtet, berechtigt uns, Jakob zu diesem Zeitpunkt seines Lebens mit einigen Vorbehalten zu betrachten. Er erscheint uns als ein etwas blasser und unsicherer Charakter, der sich offenbar unter dem Einfluss seiner selbstbewussten Mutter Riwka nicht gerade durch Großzügigkeit und Aufrichtigkeit auszeichnet. Durch Opportunismus und List hatte er sich das Erstgeborenenrecht und den Segen seines Vaters erschlichen und somit seinen Bruder Esau um das, was ihm eigentlich zustand, betrogen. Seine Handlungsweise erwies sich, auf kurze Sicht, als verheerend und tragisch für die ganze Familie. Sein zornentbrannter Bruder schwor ihm den Tod, er selbst musste das Elternhaus verlassen und sah deshalb seine Mutter, die ihn ja so heiß liebte, niemals wieder.

Im weiteren Verlauf der Geschichte begleiten wir Jakob auf seiner Reise in fremde Gefilde. Er erfährt am eigenen Leib Betrug und Ausbeutung, aber auch Liebe und Geliebtwerden. Durch harte und ehrbare Arbeit gewinnt er Reichtum und Ansehen. Zugleich wird er Haupt einer großen Familie. Viele Jahre umspannt die Erzählung unseres Abschnitts. Dort, wo wir ihn abschließen, finden wir Jakob als gereiften, verantwortungsbewussten Mensch, bereit sich der schwersten und ausschlaggebenden Prüfung seines Lebens zu unterziehen. Alleine und nur auf sich selbst gestellt, im Wissen, dass sein Bruder Esau mit 400 bewaffneten Männern gegen ihn zieht, ringt er des Nachts mit Gott und sich selbst und wird zu Israel – dem Gotteskämpfer.

Die Jahre nach seinem Auszug aus der Heimat haben ihn zu dem heranreifen lassen, was er endlich wurde. Die Verwandlung des Jakobs in Israel geschah nicht auf wunderbare Weise über Nacht. Nein, er ist in seine erhabene Statur hineingewachsen, indem er sich selbst zu meistern wusste und seinen Platz und seine Aufgabe im Leben sowie den Wert anderer Menschen erkannte. Darin ist er beispielgebend. Denn die Möglichkeit zu reifen, zu größeren Höhen zu wachsen, ist jedem Menschen gegeben, der nicht resigniert, sich selbst verrät oder aufgibt. Es ist uns nicht aufgegeben, in Vollkommenheit unseren Lebensweg zu beginnen. Wie Tagore einmal sagte: „Der Mensch ist ein geborenes Kind, seine höchste Gabe ist die Gabe des Wachsens."

Selbst am Ende ist Vollkommenheit nicht verlangt. Das Bestmögliche zu tun und zu versuchen, ist bereits Erfolg. Die folgende Erzählung aus dem alten Schatz der jüdischen Legenden soll dies untermauern:

Einmal war das Land mit schwerer Dürre geschlagen. Rabbi Abahu hatte einen Traum, in dem ihm vom Himmel offenbart wurde, ein Mann namens Pentakaka könnte am erfolgversprechendsten um Regen beten. Als Rabbi Abahu erwachte, wunderte er sich sehr über diesen Traum, war doch Pentakaka – also der Mann mit den fünf Lastern – ein ganz verrufener Kerl. Trotzdem rief er ihn zu sich. Als er zu ihm kam, fragte ihn der fürstliche Rabbi nach seinem Tun: „Ich widme mich fünf Lastern", antwortete ihm Pentakaka, „ich besorge Frauen zu unmoralischen Zwecken, ich schmücke die Häuser, in denen sie ihrer Beschäftigung nachgehen, ich diene ihnen, tanze für sie, und spiele vor ihnen auf meiner Flöte." Der Rabbi war nun vollends verwirrt und traute seinen Ohren nicht. Er begann an seinem Traum zu zweifeln. Nachdenklich fragte er den vor ihm stehenden Pentakaka: „Hast du jemals etwas Gutes getan?"

Da erzählte Pentakaka ihm Folgendes: „Einmal, als ich gerade dabei war das Haus, in dem ich arbeitete, abzuschließen, sah ich in der Ecke eine Frau stehen, die bitterlich weinte. Ich fragte sie, warum sie weine. ‚Mein Mann ist im Schuldnergefängnis', antwortete sie, ‚und ich habe kein Geld ihn auszulösen. Deshalb habe ich mich entschlossen, mich zu verkaufen, um ihn zu befreien.' " „Als ich dies hörte," sprach Pentakaka, „verkaufte ich mein Bett und meine Laken und gab den Erlös dieser Frau, und ich sagte zu ihr: ‚Geh und befreie deinen Mann, aber verkaufe dich nicht an Fremde.'"

Und Rabbi Abahu beugte sein Haupt vor Pentakaka.

Wajischlach, Genesis 32.4–36.43

Ein Kuss ist Kontakt zwischen zwei Menschen. Er hat die Eigenschaft, dass er in kürzester Zeit lautlos Bedeutendes unmissverständlich vermitteln kann. Ein Kuss ist nicht nur Sprache, er kann eine ganze Welt sein, ein Treffpunkt verschiedener Schicksale, eine Destillation von Zeit und Raum. Der Küsse Arten gibt es unzählige, vom Höhepunkt der Heuchelei bis zum Instrument des Verrats, von der formalen Bedeutungslosigkeit und gehauchtem Nichtssagend bis zur seelenerschütternden Aussage über Liebe und Zuneigung, bis zum Schmelzpunkt der Individualität.

In dem an diesem Schabbat in den Synagogen verlesenen Torahabschnitt ist von einem Kuss die Rede. Ich kann die Erzählung von diesem Kuss nie lesen, ohne tief bewegt zu sein, zeigt er doch den Menschen in seiner ganzen Größe und Einzigartigkeit. Ich spreche natürlich von dem brüderlichen Versöhnungskuss, mit dem Esau seinen Bruder Jakob begrüßte, als dieser nach vielen Jahren des Verbleibs in der Fremde wieder in seine kanaanitische Heimat zurückkehrte. Warum mir dieser Kuss so bedeutend erscheint, möchte ich Ihnen, verehrte Hörer, erklären. Eigentlich wurde meine Aufmerksamkeit durch ein durchaus negatives Gefühl auf die angesprochene Stelle hingelenkt. Als ich nämlich zum ersten Mal an das genauere Studium dieser Episode ging, bemerkte ich, dass im hebräischen Text das Wort „wajischakehu" – „und er [Esau] küsste ihn [Jakob]" – oben mit einer Reihe kleiner Pünktchen versehen war. Einige Kommentatoren weisen darauf hin, dass damit die Aufrichtigkeit von Esaus Kuss in Frage gestellt werden sollte. Einige gingen sogar so weit zu behaupten, das Wort sollte „wajeschachehu" – „und er biss ihn" heißen, soll bedeuten: Esau versuchte, Jakob in den Hals zu beißen, aber dieser verwandelte sich in Erz und Esau biss sich daran die Zähne aus. Ich muss bekennen, dass mich dieser Versuch die Großzügigkeit dieses Kusses abzuwerten, in Harnisch brachte. Ich wollte es einfach nicht wahr haben, dass diese erhabene Erzählung von Vergebung und Versöhnung in Wirklichkeit nur das kleinliche Benehmen eines Alltagsmenschen verschleiert. Ich glaubte, die Torah über diese Art von Schwarz-Weiß-Malerei erhaben zu wissen.

Erlauben Sie mir, verehrte Zuhörer, Ihnen die Umstände dieses Kusses ins Gedächtnis zu rufen. Esau und Jakob waren Zwillingsbrüder – ungleiche Zwillinge – und Esau war es, der Minuten vor seinem Bruder das Licht der Welt erblickte. Esau, der zu einem stürmischen und jähzornigen Jäger heranwuchs, war der Liebling seines Vaters. Jakob dagegen, ein ruhiger und sesshafter Mann des heimischen Herdes, wurde der Apfel seiner Mutter Auge. Eines Tages, da Esau fast verhungert von der Jagd zurückkehrte, gab ihm sein Bruder Jakob Nahrung unter der Bedingung, als Gegenleistung das Erstgeborenenrecht beanspruchen zu dürfen. Esau erklärte sich damit einverstanden; er „verkaufte" sozusagen sein Erstlingsrecht. Als nun Isaak, der Zwillinge Vater, vor seinem Tod die Söhne segnen wollte und sich anstellte, den Segen des Erstgeborenen über Esau zu sprechen, da erschlich sich der jüngere Jakob diesen Segen dadurch, dass er – von seiner Mutter angestachelt und geführt – seinen Vater durch eine geschickte Verkleidung hinterging und ihn glauben machte, er sei nicht Jakob, sondern Esau. Als Esau von der Jagd zurückkehrte und bemerkte, was geschehen war, schwor er, nach dem Tode seines Vaters seinen jüngeren Bruder umzubringen. Um dieser sich anbahnenden Tragödie vorzubeugen, schickten seine Eltern Jakob in die Ferne zu seinen Verwandten in Mesopotamien, angeblich um sich dort eine Frau zu suchen. Viele Jahre später, nachdem beide Brüder zu Reichtum und Ehren gelangt waren, kehrte nun Jakob in seine Heimat zurück. Esau muss von dieser Heimkehr seines Bruders vernommen haben, denn er zieht ihm begleitet von vierhundert Mann entgegen. Dem Treffen ist nicht mehr auszuweichen. Die Bibel berichtet: „Als nun Jakob die Augen erhob, sah er Esau heranziehen und vierhundert Mann mit ihm. Da verteilte er die Kinder auf Leah und Rachel und die beiden Mägde, und er stellte die Mägde mit ihren Kindern voran, dahinter Leah mit ihren Kindern, Rachel aber mit Josef zuletzt. Er selbst ging vor ihnen her und verneigte sich siebenmal zur Erde, bis er zu seinem Bruder kam. Esau aber eilte ihm entgegen und umarmte ihn, fiel ihm um den Hals und küsste ihn, und sie weinten." Welch ein Kuss und welche Tränen! Wahrlich, für mich stellt sich diese Episode als gigantische Szene dar. Sie gehört, für mich, zu den teuersten und lehrreichsten aller biblischen Erzählungen. Zwei Männer, die mit sich selbst gerungen und das Böse in sich besiegt hatten, finden in diesem Triumph zueinander und erkennen und umarmen sich als Brüder. Hass weicht der Liebe, und ein Kuss besiegelt den Akt des Wiederfindens.

Wohl kann man argumentieren, Jakob hätte dank seiner Eigenschaften und Einstellung das Erstgeborenrecht verdient, oder dass Esau, der blutbefleckte, wilde Jäger, gar nicht die Fähigkeiten und Voraussetzungen brachte, das geistige Glaubenserbe seines Großvaters und seines Vaters anzutreten und an die Nachkommenschaft weiterzuleiten. Nach Gottes Vorsehung sollte nicht der chronologischen Abfolge, sondern der seelischen Verfassung des Menschen in der Auswahl des Trägers der Verheißung und des Bündnisses Rechnung getragen werden. Esau konnte von all dem nichts wissen. Ihm stellten sich die Tatsachen dar, wie er sie eben in den Grenzen seines menschlichen Verstandes erfahren hatte. Und da war es so, dass Jakob ihn um seine Rechte betrogen und ihm den Segen seines heißgeliebten Vaters gestohlen hatte. Wie hätten die Jahre den Hass nähren und wachsen lassen, wie süß hätte die Rache nach all der Zeit des Wartens sein können! Doch nichts von dem! Esau hatte sich selbst überwunden. Er sieht den Bruder, nicht den Hinterlistigen, den Dieb, den Betrüger, nahen, und seine Gefühle der Liebe brechen sich Bahn. Er springt von seinem Reittier, fällt seinem Bruder um den Hals, küsst ihn und sie weinen. Bestimmt waren es Tränen der Freude und der Erleichterung. Wahrscheinlich jubelten die himmlischen Heerscharen angesichts dieses Kusses, sammelten Engel jede der vergossenen Tränen als Zeugen der Hoffnung und der Verheißung. Das Bedeutende dieses Kusses ist doch, dass Esau weder Heiliger, noch Supermensch war. Er war ein Mensch wie Sie und ich.

Wajeschew, Genesis 37.1–40.23

Die einfachsten Vorkommnisse können Geschichte machen und gewöhnlichste Sätze Literatur. Wer hätte geglaubt, dass ein so banaler Ausspruch wie „Ich suche meine Brüder" dreieinhalbtausend Jahre nachdem er gesprochen wurde, noch analysiert und besprochen werden würde. Aber fangen wir am Anfang an. Im Auftrag seines Vaters Jakob war der junge Josef von zu Hause aus nordwärts gezogen, um seine Brüder und die Herden der Familie aufzusuchen und sich nach deren Wohlbefinden zu erkundigen. Sie waren aber nicht, wo er vermutet hatte und er wusste nicht, wohin sie gezogen waren. Seine Unschlüssigkeit muss offensichtlich gewesen sein, denn ein Unbekannter sprach ihn an und fragte, wen oder was er suche. Da antwortete ihm Josef: „Et achai anochi mewakesch" – „Ich suche meine Brüder". Glücklicherweise konnte dieser Mann Josef weiterhelfen, denn er hatte gehört, wie die Brüder unter sich besprachen, weiter in die Gegend von Dothan zu ziehen. Auf Grund dieser Information zog Josef seinen Brüdern nach und fand sie wirklich da, wo der Mann hingewiesen hatte. Wir wissen nicht, warum die Bibel uns von der Begegnung Josefs mit dem Mann erzählt. Wichtig war doch eigentlich nur, dass er am Ende sein Ziel erreichte. Und warum wurden gerade diese wenigen Worte: „Et achai anochi mewakesch" – „Ich suche meine Brüder" verbatim überliefert?

Oberflächlich betrachtet wäre der Wortwechsel belanglos. Ein junger Mann sucht seine Brüder. Er erfährt hilfreiche Auskunft, die ihm den richtigen Weg weist. Zu Dothan findet er dann seine Brüder.

Aber findet er dort seine Brüder? Ja, denn es sind die Söhne des gleichen Vaters. Doch sie hassen ihn, den jungen, arroganten, verwöhnten Lieblingssohn ihres Vaters. Sie vermögen es nicht, ein nettes Wort mit ihm zu wechseln, erinnern sich immer - er lässt es sie ja nicht vergessen - an die Verleumdungen, die er gegen sie beim Vater vorbringt, oder an die überheblichen Träume, die auf seine zukünftige Herrscherrolle über seine Eltern und Brüder, ausgerichtet sind.

Sind diese hassenden Menschen Brüder? Fühlen sie, verhalten sie sich, wie es unter Brüdern üblich ist? Wenn Josef seine Brüder sucht, spricht aus seinen Worten nicht eine betrübte Verständnislosigkeit, die nach Wegen tastet, den Abgrund zwischen sich und den anderen zehn zu überbrücken?

Josef, so wissen wir aus der Erzählung seines weiteren Lebens, war weder unintelligent, noch gefühllos, noch mangelte es ihm an Sensibilität. Er liebte seinen Vater, aber er liebte auch seine Brüder, wie er es ja später in reichem Maße beweisen wird. Aber seine Träume waren zu überwältigend, zu sehr hineingewoben in die Wirklichkeit seines Bewusstseins, als dass er sie vor denen, die ihm am liebsten waren, verheimlichen konnte. Er konnte nicht begreifen, warum sie für sie nur anmaßende Spinnerei und hochmütiger Unsinn waren. Hat sich Josef vielleicht oft selbst gefragt, was er falsch mache, worin er fehle, dass er inmitten einer so umfangreichen Familie so allein war? War die Aussage „Ich suche meine Brüder" ein Aufschrei aus der Einsamkeit unerwiderter, brüderlicher Liebe? Wir mögen das vermuten, aber es bedurfte eines langen Reifeprozesses auf Grund vieler Qualen und Pein, bevor alle Beteiligten die Barrieren durchbrechen und Josef und seine Brüder sich finden konnten.

Viele von uns werden sich von der Problematik, die sich uns in der Antwort Josefs darstellt, persönlich angesprochen fühlen. Ob im engeren Umfeld der Familie oder auch in der weiteren Gesellschaft. Die Suche nach wahrer, empfundener Brüderlichkeit ist meistens gegenwärtig. Es ist einfach die Frage nach dem Umgang miteinander. Wie oft verstellen uns die mannigfaltigen Untugenden, die uns zueigen sind, den Blick auf den Bruder, die Schwester natürlich ebenso?

Die verzerrte Brille der Gehässigkeit, des Egoismus, der Habgier, der Rivalität, die Liste ließe sich beliebig verlängern, vermittelt uns Bilder, die den Samen der brüderlichen Zuneigung im Keim ersticken lassen.

„Ich suche meine Brüder" ist gerade in unserer hochspezialisierten und fragmentierten Gesellschaft, in der selbst die Solidarität bürokratisiert und anonymisiert wird, ein Aufschrei vieler einsamer Menschen, die im Gewühl der hastenden Menschen und durch das Surren und Piepsen der Computer keinen Bruder finden können. Keine Hand, die sich als Ausdruck der Zuneigung und des Verständnisses ihnen entgegenstreckt. Inmitten unseres reglementierten und enthumanisierten Wohlstandes sucht der Mensch verzweifelt seinesgleichen, den anderen Menschen als Bruder.

Für das jüdische Volk in seiner Zerstreuung in allen Teilen der Welt und angesichts seiner leidvollen Geschichte hat die Suche nach dem Bruder noch einen weiteren Aspekt gewonnen. Der Ruf „Ich suche meinen Bruder" wurde zur Suche nach der

Geborgenheit in der Gemeinschaft der Eigenen, inmitten einer feindlichen und gefährlichen Welt. Deshalb fragte man, wo man auch hinkam, als erstes nach jüdischer Gemeinde, Synagoge und Gemeindeinstitutionen.

Liebe Hörer, Sie werden vielleicht verstehen, warum mir die Frage Josefs nach seinen Brüdern, immer wieder, wenn ich diesen Abschnitt lese, zu Herzen geht. Josef und seine Brüder fanden endlich zueinander, weil sie in sich menschliche Größe und Großzügigkeit fanden. Und wir?

Wajeschew, Genesis 37.1–40.23

In der Gegend, wo ich wohne, befinden sich besonders zahlreiche Altersheime oder „Seniorenheime", wie man sie heute einfühlsam nennt. An schönen Tagen, wenn die Sonne ihre wärmenden Strahlen schenkt, sitzen immer einige der Bewohner dieser Häuser auf den Bänken unter ehrwürdigen Kastanienbäumen, die unsere Straße säumen. Manchmal sitzen sie dort in kleinen Gruppen, aber meistens sind sie dort alleine, bis Hunger, die Uhr oder die Gewohnheit sie in die Speisesäle der Heime zurückrufen. Auf meinen Gruß, den ich versuche nie zu versäumen, reagieren die meisten überrascht, bevor sie ihn zögernd und ungewiss erwidern. Sie scheinen nicht zu erwarten angesprochen zu werden. Inzwischen habe ich verstanden, dass das, was mir auf diesen Bänken begegnet, das mildere Gesicht eines großen und weit verbreiteten Leidens ist, der Einsamkeit. Besonders in dieser Jahreszeit der langen, dunklen Nächte und der kalten, unwirtlich kurzen Tage sind die Bäume kahl und die Bänke verlassen.

In fast jedem Fenster der Seniorenheime sieht man das Licht in den dahinter liegenden Zimmern brennen. Da sitzen sie, die alten Menschen, wohl meistens alleine, in ihren Stuben und nicht einmal das Lächeln der Sonne erleichtert ihnen die langen Stunden ihres Tages. Einsamkeit.

Ich kenne viele dieser Leute. Manche von ihnen sind wirklich alleine in der Welt. Sie haben weder Verwandte noch Bekannte. Ihre einzigen Bezugspersonen sind das Personal oder der seltene Besucher, der sie als Pflicht oder aus menschlichem Mitgefühl aufsucht. Die meisten aber stehen nicht so alleine in der Welt. Liebevoll und mit unsäglichem Verlangen in Aug' und Stimme zeigen sie auf die Bilder ihrer Kinder, Enkel, Urenkel und anderer Familienangehöriger und erzählen stolz von deren Leben und Errungenschaften. „Kommen sie Sie öfters besuchen?", fragt man. „Ja, wissen Sie,

sie haben alle so viel zu tun, sie sind so beschäftigt … ja, ja, sie waren mich besuchen, nun …, wann war es denn das letzte Mal?" Das nicht mehr zu gute Erinnerungsvermögen bemüht sich oft vergebens, den letzten Besuch zeitlich zu orten. Einsamkeit, die unbarmherzige Fratze des Alleinseins, des Sich-Verlassen-Fühlens.

Wir würden uns tragisch irren, glaubten wir, dass Einsamkeit nur Senioren bedrückt. Bei ihnen kommt es vielleicht am offensichtlichsten zum Ausdruck, aber es ist nur die Spitze eines riesigen Eisbergs, dessen unerkannte Ausdehnung sich in alle Teile unserer Gesellschaft erstreckt. Ich werde niemals eine Bemerkung vergessen, die ein guter Bekannter zu mir machte, als wir eines Tages zusammen über den Piccadilly Circus schlenderten, jenen Nabel der Riesenstadt London, an welchem sich die ganze Welt zu treffen scheint. Er wies auf die vielen jungen Menschen hin, die in allen möglichen und unmöglichen Stellungen da herumstanden und -saßen, und sagte: „Dies ist wohl der einsamste Platz der Welt!" Die Bemerkung schien absolut widersinnig im Gewühl und Getöse tausender Menschen, aber nach und nach verstand ich, was er sagen wollte. Ich blickte in die Gesichter der vielen Einzelpersonen, die dort gingen, standen, saßen – die Menschen, welche keine Gesellschaft hatten, keine Gesprächspartner oder Mitmenschen zum gemeinsamen Schweigen. Ich glaubte, in ihnen, in ihrer verzweifelt aktiven Nonchalance, das Gespenst der bodenlosen Leere, der Einsamkeit zu erkennen. Sie waren an diesem Kreuzungspunkt der Welt anonyme, namenlose, unbekannte Wesen, deren Gegenwart oder Abwesenheit den Anderen völlig unbedeutend war.

Denken wir an viele Männer und Frauen, die einst mit Partner zusammenlebten – vielleicht sogar im Rahmen einer Familie – und deren Beziehungen gescheitert sind; die nun verängstigt und verunsichert einsam in unserer Mitte leben. Junge Leute, ausgezogen, um die Welt zu erobern, und die nun in der Verlassenheit einer unwirtlichen Behausung in der Fremde alleine wohnen. Der Fremde, dessen Anhang und Familie in fernen Landen ist. Der Katalog ließe sich beliebig verlängern. Vor kurzer Zeit gingen wir durch die Jahreszeit intensiver und anregender Feiern: Chanukka, Weihnachten, Neujahr, die Winterferien. Haben wir uns auch Gedanken gemacht, dass diese Periode auch die Zeit der größten Einsamkeit für viele Menschen war, die Zeit, zu der sie sich am verlassensten und vergessensten fühlen?

Unter den Gesichtspunkten dieser Art Gedanken wird einem erst das Gewicht des biblischen Satzes aus dem ersten Mosebuch klar, in dem der Ewige laut denkt. „Es ist nicht gut, dass der Mensch allein sei; ich will ihm eine Hilfe machen, ihm zur Seite." Obwohl dieser Willensausdruck des Schöpfers in der Schaffung der Beziehung zwischen Mann und Frau gipfelte, die Beziehung, welche – neben dem Verhältnis zwischen Eltern und Kindern – hauptsächlich im menschlichen Leben ist, hat der erste

Teil des Satzes auch darüber hinaus seine Bedeutung: „Es ist nicht gut, dass der Mensch alleine sei."

Es ist ein trauriger Kommentar zu unserer Zeit, dass gerade jetzt Einsamkeit und die Verödung zwischenmenschlicher Beziehungen zu einem Problem ersten Ranges geworden sind. Kurze Arbeitszeiten, hervorragende Mobilität, modernste Kommunikationsmittel hätten es doch anders kommen lassen sollen! Dann muss es doch am Verfall des Familiensinns, dem egozentrischen Streben nach materiellem Wohlstand, an der Abtretung unserer persönlichen Verantwortungen und Pflichten an den Staat und seine Institutionen liegen, dass wir so wenig Gedanken und Zeit für die Einsamen in unserer Mitte finden.

Die Unterprivilegierten unserer Gesellschaft sind nicht nur die materiell Armen, die Witwen und Waisen, die körperlich und geistig Behinderten, die Fremden und die Vertriebenen. Auch Einsamkeit – ja, besonders Einsamkeit – ist eine Armut der Seele und des Geistes. Dass sie in unserer Mitte noch existiert, können weder unsere Gesellschaft noch wir als Einzelne entschuldigen. „Liebe deinen Nächsten wie dich selbst", bedeutet doch, sich in die Lage des Mitmenschen hineindenken zu wollen und zu können, sich selbst an seiner Statt zu sehen. Wer würde da nicht angesichts der Einsamkeit im Innersten erschauern. Lässt sich dann noch sagen: „Ich habe keine Zeit"?

———•—•———

Mikez, Genesis 41.1–44.17

An diesem Tage, da ich zu Ihnen spreche, feiert die christliche Welt das Weihnachtsfest. Zahllose Kerzen und Lichter werden sich in glücklichen und andächtigen Gesichtern widerspiegeln. Wir jüdischen Bürger feiern – diesmal zur gleichen Zeit – auch ein Lichterfest, obwohl seine Grundlage und Begründungen ganz andere sind: das Chanukkahfest. Diese beiden Feste fallen nicht jedes Jahr aufeinander, denn der jüdische Kalender ist ein modifizierter Mondkalender, der sich im Verhältnis zum allgemein bekannten Sonnenkalender innerhalb rund einer Monatsspanne mobil bewegt. Trotz ihrer Unterschiede haben diese beiden Feste doch viel gemeinsam. Es lohnt sich, diese Gemeinsamkeiten herauszuarbeiten, denn in ihnen verbirgt sich Bedeutsames auf dem Gebiet des menschlichen Zusammenlebens und aus ihnen ergeben sich Zeichen der Hoffnung und der Zuversicht.

Ihren Äußerlichkeiten nach haben Weihnachten und Chanukkah gemeinsam, dass im Brennpunkt ihrer Feierlichkeiten das Entzünden von Lichtern steht, und dass im Namen beider Feste das Wort „Weihe" enthalten ist. Chanukkah bedeutet nämlich nichts anderes als „Weihung" oder „Einweihung", ein Umstand, der sich daraus ergibt, dass dieses Fest an die Wiedereinweihung des Altars im Tempel zu Jerusalem erinnert, nachdem dieser im 2. Jahrhundert vor der christlichen Zeitrechnung von den syrischen Hellenisten, auf Geheiß des überheblichen und ambitiösen Königs Antiochus IV. Epiphanes, zweckentfremdet und entweiht worden war. Diese Wiedereinweihung des Tempels und des darin sich befindenden Altars zum Dienste des Gottes Israels kam nach einem verzweifelten und bitteren Aufstand der Bevölkerung Judäas gegen die überwältigende Macht des seleukidischen Reiches. Zum ersten Mal in der Geschichte wurde hier um die Glaubensfreiheit gekämpft, und wahrscheinlich war es gerade der Umstand, dass die Judäer für das Recht, Gott nach ihrem Gutdünken zu dienen und anzubeten, die Machtprobe antraten, der sie als Sieger hervorgehen ließ. Alljährlich wird nun das Chanukkahfest gefeiert. Acht Tage lang werden Kerzen und Öllichter auf einem besonderen achtarmigen Leuchter gezündet, ein Licht am ersten Tag, und darauf jeden Tag ein Licht mehr, bis am achten Tag der Leuchter im vollen Glanz seiner acht Flammen erstrahlt. Hätte sich die Bedeutung des Festes nur auf die Erinnerung des geschichtlichen Ereignisses erstreckt, wäre es aller Wahrscheinlichkeit nach schon lange in Vergessenheit geraten, denn selbst die bestimmt wichtigeren Einweihungsfeiern der zwei großen Tempel zu Jerusalem haben sich keinen Platz im jüdischen Festkalender sichern können. Dazu bedarf es schon zeitloser und allgemeingültiger Bedeutung. Diese ist wohl darin zu finden, dass die Makkabäer, wie die judäischen Aufständigen genannt wurden, ihren Kampf führten für die Freiheit Gott zu dienen, und dass sie auch den Preis des Lebens für diesen Weg nicht zu hoch fanden. Mehr als nur ein Ritual und eine Gebetsordnung sind hier angesprochen. Dahinter steht eine Weltanschauung, die sich auf den Sinn des Lebens und auf das Ziel menschlicher Existenz erstreckt. Sie enthält die Überzeugung, dass am Ende der Zeit die Möglichkeit einer vollendeten Gesellschaftsordnung steht, deren Merkmale der allumfassende Friede und die alle umschlingende Brüderlichkeit sind. Nennen wir dies die Erlösung der Menschheit, springt uns die gemeinsame Hoffnung des Christentums und des Judentums ins Auge, auch wenn es unterschiedliche Auffassungen über den Weg, der dahin führen wird, gibt. Chanukkah, wie auch Weihnachten, ermahnen die Gläubigen, ihr Leben in den Dienst Gottes zu stellen und sich ihm zu weihen. Nicht im Sinne eines Rufes zur religiösen Exklusivität oder zum Glaubensfanatismus, auch nicht als Aufruf zur Frömmelei und zu Ritualbesessenheit ist dies gedacht, sondern, dass der Mensch ein tagtägliches Leben und Schaffen inmitten der Gesellschaft von seinesgleichen nach den Richtlinien von Gottes Willens ausrichtet und mit Gott Mitschöpfer des messianischen Reiches werde.

Im Talmud, dieser unerschöpflichen Quelle jüdischer Weisheit und Gelehrsamkeit, lesen wir von einer uralten Überlieferung, die wohl aus der hohen Antike stammen dürfte. Eine Tradition berichtet vom ersten Menschen. Als dieser merkte, dass die Tage immer kürzer wurden, sprach er: „Wehe mir, vielleicht ist diese wachsende Dunkelheit die Folge meiner Sünden und Vergehen, und meinetwegen kehrt die Welt zum Urchaos zurück." Da hüllte er sich in Sack und Asche, fastete und betete. Da er nun – nach der Wintersonnenwende – sah, dass die Tage wieder länger wurden, da sprach er: „Es ist der Weg der Welt – der Natur!" Und er setzte acht Tage Feierlichkeiten und Freude ein, er zu Ehren Gottes, die anderen im Zeichen des Götzendienstes. Dieser Bericht kann in Zusammenhang mit dem Chanukkahfest gebracht werden, und es kann daraus geschlossen werden, dass bereits vor der Zeit des makkabäischen Aufstands gegen die Griechen ein Lichterfest zur Zeit der Wintersonnenwende bekannt war. Jeder Mensch, der seine Erfahrung mit Licht und Dunkelheit gemacht hat, kann doch ohne lange Erklärung verstehen, warum hoffnungsvoller Glaube und die Zuversicht auf eine bessere und verheißungsvolle Zukunft durch Licht symbolisiert und gefeiert wird. Nur im Licht erkennt der Mensch den sicheren Weg, der dem Ziel entgegenführt. Mögen die Lichter der Weihnachtsbäume und der Chanukkahleuchter unsere Heimstätten durch den Glanz dieser Hoffnung und Zuversicht im Bewusstsein unserer menschlichen Brüderlichkeit und gegenseitigen Verantwortung erhellen, dass sie uns zu Zeichen und zum Segen werden.

Wajigasch, Genesis 44.18–47.27

Rabbi Jischmael sagt: „Die Torah spricht in der Sprache von Menschen." Aber sie spricht nicht nur in der Sprache von Menschen, sondern da, wo sie nicht über Gott spricht, spricht sie auch über Menschen; Menschen wie wir alle, auch Sie und ich. Ich finde gerade in dieser Möglichkeit, uns in den großen, markanten Persönlichkeiten der Bibel wieder zu finden, die herausragendsten Eigenschaften dieses Buches der Bücher. Nicht, dass ich damit sagen wollte, wir könnten uns den dort angeführten Männern und Frauen gleichstellen; doch weil sie unverblümt als Menschen mit Schwächen und Unzulänglichkeiten dargestellt werden, können wir zumindest berechtigt hoffen, gleich ihnen erfolgreich unsere Fehler meistern und unsere Schwächen überwinden zu können.

Das Besondere an den Lebensgeschichten der biblischen Vorbilder ist, dass sie uns berichten, wie Menschen mit sich ringen, um in moralischer Größe über sich selbst hinauszuwachsen.

In unserem Wochenabschnitt für diesen Schabbat Wajigasch erfahren wir von den Früchten solcher Auseinandersetzungen von Menschen mit sich selbst. Die zwei Hauptprotagonisten, Josef und Jehudah, deren Verhalten in Jugendjahren viel Leid und Schmerz versucht hatte, haben sich selbst gemeistert und sich zu Helden des Geistes entwickelt. Blindes Herz, Arroganz und Gedankenlosigkeit haben Großmut, Sensibilität und zwischenmenschlicher Solidarität Platz gemacht. Versöhnung und Friede zwischen den verfeindeten Brüdern war ihr Lohn, aber auch eine führende Rolle in der geschichtlichen Entwicklung ihres Volkes – aber davon konnten sie selbst noch nichts wissen.

In diesem Sinne gehört der Torahwochenabschnitt Wajigasch, den wir diesen Schabbat in der Synagoge vortragen, zu den mir teuersten. Die Szene, in der sich Josef seinen Brüdern zu erkennen gibt und sie sich vereint und versöhnt um den Hals fallen, erfüllt mich immer wieder mit heller Begeisterung. Sie ist bestimmt ein Höhepunkt der Literatur aller Zeiten. Das Bedeutende an dieser Erzählung ist nicht der Umstand, dass sich hier Menschen nach langer Zeit und bitterer Entfremdung wiederfinden. Das so beredt unsere Gefühle Ansprechende ist die Erkenntnis des langen und schweren Weges, den die Kontrahenten bis zum Akt der Versöhnung durchschreiten mussten, die Art, in welcher dieses geschah, und die Siege, die hier über menschliche Schwächen gefeiert werden.

Erinnern wir uns doch an das Vorangegangene. Jakob, der ja Kinder von vier Frauen hatte, machte keinen Hehl daraus, dass in seiner Liebe die Söhne seiner Lieblingsfrau Rachel ihm am nächsten standen. Diese Bevorzugung hatte die anderen Brüder tief verletzt. Josef, der ältere Sohn eben dieser Rachel, seinerseits tat nichts, diesen Schmerz zu entschärfen. Im Gegenteil: Sich seiner privilegierten Stellung bewusst, schürte er die Feuer des Hasses, indem er gegen seine Brüder beim Vater intrigierte und sie seinen Vorrang provokativ spüren ließ. Gekränkte und zurückgewiesene Liebe ist ein mächtiger Bestandteil des Hasses, der seinerseits wieder sicherer Ausgangspunkt des Weges in die Tragödie ist. Die Formel ist einfach und den meisten von uns Menschen wohlbekannt. Verbinde Hass mit einer Möglichkeit zur Tat, und die Saat des Unglücks wird gewiss aufgehen.

So war es auch mit Josef und seinen Brüdern. Als Josef eines Tages seine Brüder auf den weit von zu Hause entfernten Weiden besucht, sahen diese ihre Möglichkeit, sich dieses Günstlings ihres Vaters ein für allemal zu entledigen. Sie hätten ihn getötet, wären einigen von ihnen nicht doch entweder Gewissensbisse oder Furcht vor der Verantwortung erwachsen. Stattdessen verkauften sie ihren Bruder in die Sklaverei nach Ägypten. Ihrem Vater berichteten sie von dem vermeintlichen Tod seines geliebten Sohnes. Viele Jahre später stehen sich die Brüder wieder gegenüber, als reife und erwachsene Männer. Josef, nunmehr in Amt und Würden und in der Kleidung der zweithöchsten Position Ägyptens, bleibt von seinen Brüdern unerkannt, weiß seinerseits jedoch, wen er vor sich hat. Nun könnte er sich rächen, könnte die vielen Jahre des Leidens vergelten. Alle nötigen Machtmittel befinden sich in seiner Hand. Aber er prüft sie, um festzustellen, ob sie seit damals gleich geblieben waren. Er manövriert sie in eine Situation, die in ihren Grundzügen mit der vergleichbar war, in der sie sich an ihm vergingen und ihn einem ungewissen Schicksal überließen. Benjamin, der noch übriggebliebene jüngere Sohn Rachels – von seinem Vater Jakob heißgeliebt – wurde eines Diebstahls überführt und sollte deshalb als Sklave in Ägypten zurückgehalten werden. Würden die Brüder sich auf seine Kosten retten und auch Benjamin preisgeben? Da trat Jehudah zu Josef heran und in bestechender Offenheit erzählt er dem vermeintlich fremden Herrscher alles, was sie ihrem Bruder Josef angetan und welche Folgen es für ihren Vater gehabt hatte. Er erklärt, dass ein neuer Schicksalsschlag ihren Vater bestimmt vernichten würde und bietet sich selbst als Ersatz für seinen jungen Bruder Benjamin an. „Darum erlaube jetzt", sprach Jehudah, „dass dein Knecht an des Knaben statt hier bleibe, als Sklave meines Herren; der Knabe aber möge mit seinen Brüdern hinaufziehen. Denn wie könnte ich zu meinem Vater hinausziehen, wenn der Knabe nicht bei mir wäre? Ich möchte den Jammer nicht mit ansehen, der über meinen Vater kommen würde."

Angesichts dieser Demonstration von Edelmut, brüderlicher Liebe und Verantwortungsbewusstsein dem Vater gegenüber konnte sich Josef nicht mehr zurückhalten. Er befahl allen, die um ihn standen, außer seinen Brüdern, den Saal zu räumen und gab sich zu erkennen: „Ich bin Josef, lebt mein Vater wirklich noch?" Und er weinte und umarmte zuerst seinen Bruder Benjamin und dann den Rest seiner Brüder.

Was mir an dieser Geschichte so gefällt, ist weniger die Freude am Happy End dieser Familiensaga als mein Bewusstsein, dass diese Erzählung ein meisterhaftes Lehrstück für uns alle ist. Was uns in dieser Erzählung der Bibel vorgelebt wird, lagert nicht im Bereich des Unmöglichen und Unnachvollziehbaren. Die Hinwendung zu unseren Brüdern – den Menschen insgesamt – liegt in der Reichweite von uns allen. Wir müssen es nur wollen.

Wajechi, Genesis 47.28–50.26

Josef ist wohl eine der am meisten unterschätzten Persönlichkeiten in der Bibel. Josef war der letzte der großen Einzelgänger, Träger der göttlichen Verheißung und Wegbereiter des Einzugs des Volkes Israel in die Geschichte der Menschheit und in den Heilsplan Gottes. Obwohl er nicht zu den Erzvätern gezählt wird, verdient der Bericht über sein Leben und seinen Werdegang bedeutend mehr Aufmerksamkeit, als ihm gewöhnlich geschenkt wird. Belehrend und beispielhaft ist er allemal.

Dabei schienen in seiner Jugend seine Charaktereigenschaften wenig vielversprechend zu sein. Zwischen den Zeilen des biblischen Berichtes lesend können wir uns Josef als einen überheblichen, arroganten Jüngling vorstellen. Er wurde favorisiert und verwöhnt, wofür das Geschenk des farbig gestreiften Mantels nur greifbarer Beweis war. Eigentlich hätte sein Vater Jakob es besser wissen müssen, hatte er doch selbst die Leiden und tragischen Folgen parteiischer Elternliebe erfahren. Mag Josefs Schicksal auch Gottes Vorsehung und Plan für ihn gewesen sein, seine gekränkten und enttäuschten Brüder konnten dies in ihrer existentiellen Situation nicht erkennen. Und so reagierten sie, wie es in den meisten Fällen geschieht, mit Ablehnung und Hass. Dieser ging so weit, dass sie bereit waren Josef zu töten. Nur die Intervention des Ältesten von ihnen, Reuben, rettete sein Leben; was aber nicht verhüten konnte, dass eine Kette von Zufällen ihn in die Sklaverei nach Ägypten führte.

Entfernt von den Gefühlsströmen und Spannungen innerhalb der Familie, weit entrückt von Heim und Heimat, zeigten sich die wahren Züge seines Charakters. Josef erwies sich als besonnener, gradliniger und integrer Mensch, friedfertig und versöhnlich, intelligent und von tiefem Glauben beseelt. Er erkannte sich in der Hand und als Instrument Gottes. Dessen Wille und nicht seine eigenen Gefühle, Verlangen und Bedürfnisse standen im Mittelpunkt des Geschehens. So verblieb ihm trotz seiner Erfolge und der Fülle seiner Macht eine bestechende Bescheidenheit.

Drei Szenen aus dem Leben Josefs waren für seine Einstellung bezeichnend. Erstens, als seine Brüder ihn beschworen, ihnen nicht ihr Tun zu vergelten, beruhigte er sie und stellte selbst ihr ruchloses Vergehen gegen ihn unter die unergründliche Vorsehung Gottes, hatte doch gerade ihre böse Absicht zu seinem Erfolg in Ägypten geführt. Zweitens, als man Josef berichtet, sein Vater sei todkrank, eilte er, der Vizepharao von Ägypten, mit seinen zwei Söhnen, Efrajim und Menascheh, an das Krankenbett Jakobs. Ohne Widerspruch und Murren akzeptierte er, dass sein Vater nicht ihn, sondern seine Enkel segnete, wobei er noch den Jüngeren dem Älteren vorzog. Nicht sein Name, sondern die Namen seiner Söhne gingen in die Liste der Stämme Israels ein. Drittens, als Josef seinen eigenen Tod nahen fühlte, ließ er seine Brüder schwören, seinen Leichnam zur ewigen Ruhestätte nach Kanaan mitzunehmen, wenn sie einmal in der Zukunft dorthin zurückkehren würden. Er war und blieb ein treues Glied in der Folge seiner Väter Abraham, Isaak und Jakob, und seine Wurzeln blieben in der Erde des verheißenen Landes. Josef hatte Ägypten treu und mit allem Können und voller Energie gedient, trotzdem hatte er sich und das Seine nicht verleugnet. Er war somit der Modelltyp und das Vorbild des weltoffenen Juden in der Diaspora, der es verstand, im Dienst der Menschheit und im Rahmen einer pluralistischen Gesellschaft gleichzeitig Jude und Mensch zu sein.

In seiner Person und Geschichte zeigt uns die Bibel wieder einmal auf, welche hervorragenden Möglichkeiten uns gegeben sind, etwas aus uns und unserem Leben zu machen.

שמות Schemot – Exodus

Schemot, Exodus 1.1–6.1

„Da erstand ein neuer König über Ägypten, der nichts von Josef wusste." Mit dem Auftritt dieses neuen Pharaos beginnt eine zweite Phase der Geschichte Israels. In den Ereignissen, von welchen das Buch Genesis erzählt, wird ihm Rahmen einer Familiengeschichte der Eckstein der Existenz und Aufgabe des jüdischen Volkes gelegt. Als Einzelpersonen tragen die unmittelbaren Nachkommen Abrahams Gotteserkenntnis und Bündnisbewusstsein in sich.

Nun wird alles anders. Vom Zeitpunkt an, da dieser neue König seine Regentschaft über Ägypten antritt, stehen sich Volksgruppen gegenüber. Pharao und Moses stehen sich als Vertreter Ägyptens bzw. Israels gegenüber.

Wir können die Handlungsweise und Gedankengänge des neuen Pharaos aus zweierlei Perspektive beleuchten. Da ist zum ersten die Art der Bibel selbst samt den Kommentatoren des Altertums. Diese besteht darin, Kontraste in aller Schärfe mit wenigen angedeuteten Linien in schwarz und weiß zu umreißen. Das Entweder-Oder wird grell beleuchtet und von allen Nebensächlichkeiten befreit. Es geht ausschließlich um Grundsätzliches und selbst legitime Vorbehalte bleiben ausgeschaltet, um die Klarheit der Gegensätze nicht zu verschleiern. Ein einziges Hauptproblem wird aufgerollt, nicht ein ganzer Fragenkomplex.

Daraus ergibt sich ein fast naiv kindliches Bild Pharaos. Er wird der Pharao schlechthin: Ein Archetyp, zeitlich eindimensional gesehen, eine Verkörperung des machthungrigen, selbstherrlichen, opportunistischen und grausamen Bösewichts, der es in seiner Verblendung wagt, sich gegen Gott zu stellen. Er ist es, der veranlasst, ein ganzes Volk zu versklaven, seine männlichen Kinder zu töten, es auf alle möglichen Weisen zu quälen und zu schinden. Er ist der Tyrann, der Despot, der götzendienende Bösewicht. Pharao verkörpert den Typ, der Gott nicht anerkennt und nicht erkennen will, der sich Gottes Plänen in den Weg stellen will und bereit ist, dafür jedes Mittel anzuwenden. Da spielen Daten und geschichtliche Realitäten gar keine Rolle. Insofern wir aus den Berichten lernen sollen, ist die Absicht nicht, geschichtliches Wissen zu vermitteln, sondern die moralischen Gegensätze klar erkennen zu lassen, um sie auf unsere eigenen Situationen als Leitbild anwendbar zu gestalten.

Die zweite Art den Text zu beleuchten, ist wohl moderner, aber deshalb nicht unbedingt aufschlussreicher. Ausgerüstet mit all den Erkenntnissen der Wissenschaften und der analytischen und kritischen Methodik zeichnen wir ein vielfarbiges, in allen Schattierungen nuanciertes Bild. Es zieht nicht nur das Zeitelement, sondern auch das fortsetzende Wogen miteinander verfilzter gesellschaftlicher Kräfte und Bewegungen in Betracht. Man findet politische, wirtschaftliche oder psychologische Erklärungen, verfolgt Einflüsse verschiedener Art. Dieses Bild ist nicht mehr kindlich naiv. Es ist im höchsten Grad detailliert und komplex. Viele, wenn auch nicht alle Elemente und Faktoren sind berücksichtigt. Wahrscheinlich gibt dies eine viel genauere Darstellung der Dinge, wie sie wirklich waren.

Aber dabei haben wir auch etwas, vielleicht das Wichtigste, verloren: Die Gegenüberstellung des Entweder-Oder. Nun haben wir eine Fülle von „wenn" und „aber" oder „vielleicht" und „möglicherweise". Wir haben Informationen, aber wird uns dadurch geholfen? Und es ist doch so, dass uns das Wort der Bibel Hilfe und Beistand in unserer existenziellen Situation sein soll. Vielleicht liegt die Lösung des Dilemmas wie so oft in einem Kompromiss. Versuchen wir, das komplexe, farbenfreudige, detaillierte, aber unklare Bild mit der scharfumrissenen Zeichnung der Tradition, wie mit einer Schablone zu überlegen, um zu sehen, ob wir auch dem geschichtlich genaueren Bild moralische Grundzüge abgewinnen können.

So gesehen werden Pharaos Züge deutlicher und in beängstigender Weise erkennbarer. Nehmen wir einmal an, dass Josef, sein Vater, und seine Brüder wirklich zur Zeit der Hyksos-Besetzung in Ägypten ein warmes Willkommen fanden, dass seit jener Zeit die ursprünglichen Ägypter ihr Land zurückerobert hatten, und diese nun die Israeliten als einen Fremdkörper, als potenzielle Verbündete der äußeren Feinde betrachteten; dass Pharao Josef wirklich nicht mehr kannte und nichts von ihm wusste. Vor diesem Hintergrund stellte er seine Erwägungen an. Lassen wir die Bibel selber sprechen: „Das Volk der Israeliten ist uns zu zahlreich und stark [...], dass sie, wenn ein Krieg über uns zieht, sich noch zu unseren Feinden schlagen und gegen uns kämpfen." Wir sehen hier ein zu jeder Zeit aktuelles politisches Problem, das auch heute, besonders wenn wir nicht nur ethnische, sondern auch ideologische Besonderheiten gelten lassen, nichts an Brisanz verloren hat. Immer wieder stellt sich die Frage, mit welchen Mitteln und auf welchen Wegen sich eine Gesellschaft gegen vermeintliche oder wirkliche innere Untergrabung und Zersetzung wehren kann und darf. Im Rahmen unserer Zeit, da Pharaonen aller Größenordnungen die Bühne des Geschehens beschreiten und wir bereits die Kategorie des Superpharaos kennengelernt haben, ist diese Frage zur gesellschaftsmoralischen Problematik ersten Ranges geworden.

Eine vollständige und endgültige Lösung dieses Problems bringt uns die biblische Pharaogeschichte leider nicht. Aber im negativen Sinn lehrt sie uns klar, was als Antwort unter keinen Umständen infrage kommt: die Versklavung, Unterdrückung und Entrechtung Andersartiger, Andersglaubender und Andersgesinnter; Mord, Tortur, Peinigung als Mittel zur Bewahrung der Sicherheit und der existierenden Gesellschaftsordnung, besonders wenn die vermeintliche Gefahr nur ein Hirngespinst einzelner Machthaber ist.

Pharao lebt und vorderhand scheint er unsterblich. Die Bibel hat uns gewarnt.

Schemot, Exodus 1.1–6.1

Im entferntesten Teil der grausamen, trostlosen Wüste der Halbinsel Sinai zog ein Hirte mit seiner Herde Kleinvieh herum. Die glühende Hitze des Tages und der Mangel an Schutz vor den brennenden Strahlen der unbarmherzigen Sonne machte die Tiere träge. Es war nicht schwer, sie beisammen zu halten. Die Einsamkeit war nahezu absolut. Die extremen klimatischen Bedingungen sowie die immer gegenwärtigen Gefahren der Wüste sind dazu angetan, einen Menschen Bescheidenheit zu lehren, ihn spüren zu lassen, wie klein, unbedeutend, machtlos und vergänglich er ist. Der Hirte, von dem ich berichte, war diesmal besonders tief in Gedanken versunken. Seine Seele war schmerzlich bewegt von verlässlichen Berichten, die von der qualvollen Unterdrückung und Versklavung der Nachkommen Israels – zu denen er ja auch zählte – sprachen. Er entsann sich seiner Jugendjahre, die er als Prinz am glanzvollen Hofe des Pharaos von Ägypten verbrachte. Ein gedankenvolles, trauriges Lächeln umspielte seine Lippen, als er an sein jähzorniges Eingreifen gegen den Sklavenaufseher bei der Baustelle in der Nähe von Ramses dachte. Auch jetzt noch konnte er darüber keine Reue empfinden, obwohl er, hätte er sich damals bedachter verhalten, heute noch am Hofe Pharaos leben würde, mit all den damit verbundenen Möglichkeiten, dort mehr für seine Brüder unternehmen zu können als in der – anscheinend – gottverlassenen Ecke der Wüste Sinai.

Sollten die Legenden recht haben, beschäftigte sich unser Hirte im Geiste auch mit Gedanken über seine eigenen Fähigkeiten und Aufgaben. Erst kürzlich war ihm etwas passiert, das ihn mehr berührte, als es den Umständen nach eigentlich hätte sollen.

Vor einigen Tagen nämlich hatte der Hirte bemerkt, dass ein kleines Schäfchen sich von Herde entfernt hatte. Seine Spuren konnten in der Wüste leicht verfolgt werden und der Hirte eilte ihm nach, denn er fürchtete, das wehrlose Tier könnte einem Raubtier zum Opfer fallen oder vor Hunger oder Durst umkommen. Plötzlich sah er das Lämmchen in der Ferne, an einer kleinen Quelle am Rand eines Felsenabgrundes gierig trinken. Behutsam näherte er sich dem kleinen Tierchen und hob es in seine Arme. „Du armes, kleines Wesen", sprach er zu ihm, „hätte ich gewusst, wie durstig du warst, hätte ich dich selbst zur Quelle gebracht." Damit hob er es sanft auf seine breiten starken Schultern und trugt es zurück zur Herde.

Diese kleine Episode gab ihm keine Ruhe. Hatte er versagt oder nicht? Er konnte ja nicht wissen, dass – wie uns die Legende berichtet – Gott ihn beobachtet und entschieden hatte: „Groß ist dein Mitleid, o Moses. Weil du so mit diesem kleinen Tier verfahren hast, sollst du der treue Hirte meines Volkes Israel werden." Ob Moses, – denn er ist natürlich der Hirte von dem ich Ihnen hier erzähle, – jemals den Zusammenhang zwischen dieser kleinen Episode und der noch in den Schleiern der Zukunft verborgenen Entwicklung seines Lebens erkannte, kann ich Ihnen nicht sagen. Auf jeden Fall zeigten sich die konkreten Folgen sehr bald. Der Abschnitt der Torah, der diesen Schabbat in den Synagogen verlesen wird, berichtet uns darüber.

Als Moses so mit seiner Herde durch die Wüste wanderte, sah er plötzlich etwas ganz Wunderbares, Verblüffendes. Einer der in dieser Gegend aufzufindenden Dornbüsche stand lichterloh in Flammen, wurde aber nicht verzehrt. Zaghaft trat Moses näher, um dieses Phänomen besser zu betrachten. Da hörte er aus dem Busch – oder war es durch die Kanäle seiner Seele? – die Stimme Gottes. Es wurde die Stunde der Entscheidung. Unausweichlich wurde ihm die Aufgabe gestellt, den Tyrannen zu konfrontieren, das Volk Israel aus Ägypten – aus der Sklaverei in die Freiheit – zu führen. Der Hirte von Ziegen und Schafen sollte zum Hirten Israels werden. Und seit Moses war keiner mehr wie Moses.

Viele Kommentatoren und Denker haben sich Gedanken gemacht, warum gerade der unfruchtbare, unschöne und unwirtliche Dornbusch auserwählt wurde, Ort des göttlichen Rufs zu sein. Hier einige der Erklärungsversuche: Rabbi Schimon bar Jochai sah im Dornbusch ein Symbol der ägyptischen Sklaverei, denn wie ein Vogel, der sich darin verirrt, nicht wieder heil und unversehrt entkommen kann, so ist auch bis zum Auszug Israels noch nie ein Sklave aus der ägyptischen Unterdrückung entronnen. Rabbi Josi sieht darin eher eine Anspielung auf das Schicksal und die Geschichte der Kinder Israel. Er erklärte: Da im Dornbusch die Stachel nach unten gewandt sind, kann man eine Hand unversehrt hineinstecken. Erst, wenn man sie wieder herausziehen will, wird sie von den Dornen eingefangen und festgehalten. Als Jakob-Israel nach Ägypten kam, empfingen ihn die Ägypter in Ehren und Freundschaft. Als die Israeliten aber wieder ausziehen wollten, wurden sie gefangen und zurückgehalten. Eine weitere Erklärung betont den Umstand, dass der Busch brannte, aber nicht verzehrt wurde. Dies sollte Moses beruhigen und ermuntern. Hätte er doch glauben können, es würde den übermächtigen Ägyptern gelingen, Israel zu vernichten.

Deshalb zeigte Gott Moses den brennenden Busch, der aber heil blieb. Wie dieser Busch brennt, aber nicht verzehrt wird, so wird auch Ägypten Israel nicht zerstören können.

Zuletzt eine Erzählung von Rabbi Jehoschua ben Korcha. Dieser wurde einmal von einem Heiden gefragt: „Warum sprach Gott aus einem Dornbusch und nicht aus einem anderen Baum?" Darauf antwortete der Rabbi: „Hätte Er aus einem anderen Baum gesprochen, hättest du mich gefragt: ‚Warum hat er aus diesem Baum gesprochen?' Aber ohne Antwort kann ich dich trotzdem nicht lassen. Also, warum aus dem Dornbusch? Um uns zu lehren, dass es keinen Platz auf der Welt gibt, wo Gottes Gegenwart nicht zu finden ist; selbst im Dornbusch in der wildesten Wüste."

Also, es gibt keinen Platz auf der Erde, in der Schöpfung, wo Gottes Gegenwart nicht ist! Von wo, aus was heraus spricht Gottes Stimme uns heute an?

———•—•———

Wa'era, Exodus 6.2–9.35

Es geschah vor vielen Jahrhunderten in der herrlichen spanischen Stadt Sevilla, zu einer Zeit, da die Gegenwart der Inquisition ihre immergegenwärtigen, drohenden Schatten über die alteingesessene jüdische Gemeinde dieser Stadt warf. Die goldenen Zeiten, wo die verschiedenen Religionsgemeinschaften harmonisch und tolerant gemeinsam zum Wohl aller wirkten und der Ruhm der Stadt bis in die fernsten Ecken der damals bekannten Welt drang, waren nunmehr eine entfernte Erinnerung, die in den Erzählungen der Alten weiterlebten. Eine gewisse Anzahl der jüdischen Bewohner hatte sich dem unablässigen Druck und den Drohungen gebeugt und hatte, vollends oder nur nach Außen hin, den christlichen Glauben angenommen. Im Rest der Gemeinde herrschte die dumpfe Angst vor einem unberechenbaren, willkürlichen und um neue Wege der Bedrohung und Demütigung nie verlegenen Großinquisitor. Rabbi Josef ben Schalom, ein von seiner Last und Verantwortung vorzeitig gealterter Weiser seines Volkes, versuchte seiner Gemeinde Mut, Trost und Hoffnung zuzusprechen; ihnen eine Zuversicht zu vermitteln, die er selbst nicht immer verspürte. Aus dem Studium der heiligen Bücher und aus den inbrünstigen, von Pein beflügelten Gebeten, schöpfte er die Kraft, an seinem schweren Amt nicht zu zerbrechen.

Lassen Sie mich hier einen Moment unterbrechen. Sie werden ja wohl gemerkt haben, dass ich Ihnen heute eine Geschichte erzählen möchte. Geschichten aus der

Schatzkammer der Erzählungen eines Volkes sagen immer mehr aus, als es oberflächlich betrachtet scheint. Besser als manch trockene, akademische Abhandlung oder die Berichte der Historiker lassen sie die Umstände, Stimmungen und Persönlichkeiten aufleben. Sie zeigen uns, wie zumindest in der Erzählung der Schwache triumphiert, das Gute siegt und die Hoffnung nicht versiegt.

Auch lehren sie uns, wie Glaube und Hoffnung selbst unter den schwierigsten Bedingungen aufrechterhalten bleiben können, eine Lehre, die uns oft helfen und niemals schaden kann.

All dies sage ich Ihnen, um zu begründen, weshalb ich beabsichtige, Ihnen von Mal zu Mal im Rahmen dieser religiösen Feierstunden zum Schabbat, Geschichten und Erzählungen aus der jüdischen Tradition zu erzählen, in der Hoffnung, auch Ihnen damit Freude zu bereiten.

Also dann weiter.

Mangel an Geduld und Zielstrebigkeit konnte man dem Großinquisitor bestimmt nicht nachsagen. Schon lange hatte er auf eine Gelegenheit gewartet, der jüdischen Gemeinde Sevillas den Todesstoß zuzufügen. Wahrscheinlich glaubte er sogar wirklich, damit dem Herrn, seiner Kirche und seinem Glauben einen wahren Dienst zu erweisen. Nichts würde ihn deshalb mehr befriedigen, als Rabbi Josef auf dem Scheiterhaufen, die Juden in Scharen in die immer offenen Arme der Kirche ziehen, und ihren Besitz in sein Gewahrsam übergehen zu sehen. Wie eine Spinne in ihrem Netz, seine Schergen und Spione stets wachsam, wartete er auf seine Chance.

Diese schien gekommen, als man eines Tages ein christliches Kind ermordet auf einer Abfallhalde der Stadt fand. Dass so etwas ein alltägliches Ereignis sein kann, wusste auch der Großinquisitor, – wie auch in unserer Zeit die Tageszeitungen fast täglich über ein solches Geschehen berichten –, aber diese Gelegenheit durfte er nicht ungenutzt verstreichen lassen. So entschloss sich der Großinquisitor, unter dem Volk die wohlbekannte Verleumdung gegen die Juden aufleben zu lassen, die Juden hätten das Kind ermordet, um sein Blut für das Backen der Mazzot – der ungesäuerten Brote für das Pessachfest – zu verwenden. Man braucht hier kaum anzumerken, dass es ein Leichtes war, die Volksseele in Wallung zu bringen, war es doch eine dunkle Zeit des Aberglaubens und des Analphabetentums. Wahrscheinlich wäre man sofort über das jüdische Viertel hergefallen, hätte der Großinquisitor nicht die öffentliche Anklage der Juden auf dem Hauptplatz der Stadt verkündet.

Die Stunde des Gerichts nahte. Der König, die Königin und der ganze Hofstaat nahmen auf der Ehrentribüne Platz. Ein Meer von Menschen füllte den großen Platz. Auf einem hohen Podest, gegenüber von Rabbi Josef ben Schalom, thronte der Großinquisitor mit seinen Ratgebern und Dienern. Mit Zorn und Demagogie, beißendem Hohn und brennender Begeisterung trug er seine Anklage vor. Das Volk johlte und schrie, verlangte das Leben des Rabbis und aller Juden. Nun gab es schon damals zumindest das Recht des Angeklagten sich zu verteidigen. Man kann sich vorstellen, wie es Rabbi Josef zu Mute war. Wohl wusste er, dass das Schicksal seiner Gemeinde von ihm abhing, und dass der Großinquisitor entschlossen war, die Juden – Wahrheit hin, Gerechtigkeit her – verdammen zu lassen. Trotzdem antwortete er mit fester, ruhiger Stimme. Klar und eindeutig wies er aus Bibel und rabbinischen Schriften nach, wie heilig und unantastbar das Leben aller Menschen im jüdischen Glauben ist, und dass der Genuss alles Blutes – selbst des Blutes der Tiere – den Juden strengstens untersagt ist. Bald merkte der Großinquisitor, dass er diese Auseinandersetzung verlieren würde, und so holte er zu einer großen dramatischen Geste aus und rief aus: „Lasst den Himmel entscheiden."

Er verkündete, er werde zwei Stücke Papier vorbereiten, auf einem würde „schuldig" stehen, auf dem zweiten nichts. Zöge der Rabbi das Papier mit der Aufschrift, wären die Juden von höherer Macht des frevelhaften Mordes überführt. Um dies sicherzustellen, schrieb er natürlich auf beide Papiere das Wort „schuldig"; und wer hätte es gewagt, die Integrität des Großinquisitors anzuzweifeln und die Papiere zu kontrollieren. Nur der Rabbi ahnte, was hier vor sich ging.

Die Zettel wurden ihm in einer Schachtel präsentiert. Scheinbar unentschlossen schwebte seine Hand über den schicksalsbeladenen Papieren. Mal schien er das eine, dann wieder das andere aufgreifen zu wollen. Mit höhnisch siegessicherem Lächeln beobachtete der Großinquisitor das Zögern des Rabbis. Plötzlich, blitzschnell, griff dieser in die Schachtel, zog eines der Papiere hervor, steckte es in den Mund und verschluckte es. Wutentbrannt schrie der Großinquisitor: „Wie sollen wir nun das Urteil feststellen!?" „Ganz einfach", erklärte der weise Rabbi, indem er sich dem König zuwandte, „seht nach, was auf dem anderen Papier steht. Findet ihr ‚schuldig' darauf vermerkt, muss ich ja offensichtlich das Papier ohne Inschrift, den Beweis der Unschuld, gezogen haben. Man ging der Sache nach und natürlich war es so. Man musste den Rabbi und die jüdische Gemeinde für unschuldig erklären. Und vorderhand war die Gefahr, welche die jüdische Gemeinde Sevillas bedrohte, gebannt.

Bo, Exodus 10.1–13.16

„Der Mensch denkt und Gott lenkt." Diese ernüchternde Feststellung musste auch ein König machen, der einmal vor vielen, vielen Jahren in einer bedeutenden Stadt des Orients, deren Name mir momentan entfallen ist, das Zepter führte. Dies geschah auf folgende Weise:

Der König, von dem unsere Geschichte handelt, war im Grunde genommen ein gütiger und großzügiger Herrscher. Nach seinen Anweisungen wurden allen Bettlern der Stadt regelmäßig Almosen aus seiner Schatzkammer ausbezahlt, um so die schlimmste Armut zu lindern. Unter diesen Bettlern waren zwei, die gewöhnlich zusammen auf der Straße den Passanten ihre Hände entgegenhielten, und die auch zusammen an den Toren des Palasts vorsprachen, um dort ihr Almosen zu empfangen und niemals enttäuscht wurden. Der eine Bettler pries bei diesen Anlässen lautstark die Großzügigkeit und Güte des Königs, während der zweite, nicht minder hörbar, Gott dafür zu danken pflegte, dass seine Gnade den König in die Lage versetzte, seine Untertanen so wirksam zu unterstützen. Der König, der meistens persönlich die Gaben an die Bettler verteilte – hoch sei es im anzurechnen – empfand die Reaktion des zweiten Bettlers schmerzlich und sprach zu ihm: „Ich bin es, der so großzügig zu dir ist, warum dankst du dann jemand anderem?" Darauf erwiderte der Angesprochene: „Wäre Gott nicht so gut zu dir, könntest du nicht geben."

Der König dachte, dass eine praktische Lehre zehn philosophische Diskurse wert sei und befahl seinem Bäcker, zwei völlig identische Laibe Brot zu backen und in einen davon ein Säckchen kostbarer Edelsteine zu legen – als Geschenk des Königs. Weiter befahl er, genauestens darauf zu achten, dass der Laib mit dem Schatz dem Bettler, der immer den König pries, ausgehändigt werde. Der Bäcker machte sich an die Arbeit und passte auch sorgfältig auf, dass der Laib mit den Edelsteinen dem richtigen Mann ausgehändigt wurde.

Nun, dieser Bettler, der den König immer so überschwänglich pries, war ein ziemlich schlauer Fuchs. Er bemerkte beim Vergleich sofort, dass sein Laib Brot etwas schwerer war, als der seines Kollegen. Er schloss daraus, er sei wohl schlecht gebacken und der Teig im Inneren noch feucht. Unschuldig tuend bot er dem Anderen einen Tausch an. Da diesem die Laibe völlig gleich erschienen und es ihm sowieso nichts ausmachte, dem ersten Bettler einen Gefallen zu tun, erklärte er sich einverstanden und sie tauschten die Laibe aus. Dann gingen sie ein jeder seinen Weg.

Der Bettler, der immer Gott dankte, begann von seinem Laib zu essen und stieß bald auf das Säckchen kostbarer Steine. Als er sich von seinem Erstaunen erholt hatte, dankte er Gott dafür, dass er nun nicht mehr betteln gehen müsse und besonders, dass er nun nicht mehr am Palasttor Almosen entgegenzunehmen brauchte. Der König, überrascht über die Abwesenheit des ersten Bettlers in der Schlange der regelmäßigen ‚Kunden‘, – wenn ich sie so nennen darf –, fragte den Bäcker, ob er seinen Befehl ausgeführt habe. Dieser bejahte und versicherte dem König, dass ihm keinerlei Fehler unterlaufen sei. Nun rief der König den Bettler, der ihm immer dankte, zu sich und fragte ihn: „was hast du mit dem Laib Brot getan, den ich dir vor einigen Tagen zukommen ließ?" – „Lang lebe der König", antwortete ihm der Bettler, „der Laib Brot schien mir hart und schlecht gebacken und so tauschte ich ihn mit dem meines Kollegen. Was dieser mit ihm angefangen hat, kann ich nicht sagen, denn seit jenem Tag habe ich ihn nicht wieder gesehen." Der König sagte nichts weiter und ging nachdenklich von dannen. Er verstand nun, dass Reichtum nur von Gott kommen kann. Er kann den Armen reich und den Reichen arm machen. Die Entscheidung eines Menschen, sei er auch ein König, muss sich nicht notwendigerweise immer verwirklichen lassen.

Diese Geschichte, die ja eigentlich ziemlich harmlos und gutmütig klingt, findet im Torahabschnitt dieser Woche ihr bitteres Gegenstück. Auch dort stehen sich der Wille Gottes und der Wille eines menschlichen Herrschers frontal gegenüber, nur ist der Preis der Lehre das herzzerreißende Leiden vieler Menschen. Es geht dort um die Weigerung des ägyptischen Pharaos, das unterstückte und versklavte Volk Israel aus der Knechtschaft zu entlassen. Moses hatte ihn im Namen Gottes gebeten und aufgefordert, Israel ziehen zu lassen. Pharao aber hegte andere Absichten. Obwohl er sein Land und seine Macht durch die Gegenwart der zahlreichen Israeliten innerhalb der Grenzen Ägyptens bedroht sah, wollte er dieses Problem auf seine Weise und zu seinem Vorteil lösen. Gott kannte er nicht und wollte ihn auch nicht kennen, denn er sah sich selbst als höchste Instanz der Machtausübung und der Entscheidung.

In der Konfrontation zwischen Gott und Pharao ging es um mehr als nur um die Befreiung Israels aus der ägyptischen Knechtschaft. Unmissverständlich und unübersehbar sollten auch die Allmacht Gottes und die Grenzen menschlicher Entscheidungsmöglichkeiten aufgezeigt werden. Das Verhältnis und der Unterschied zwischen diesen beiden Seiten sollte ein für alle Mal und für alle Zeiten offensichtlich gemacht werden, nicht zuletzt, um die Menschen vor den Folgen der Verblendung ihrer Herrscher zu verschonen. Die zehn Plagen, die Pharao endlich in die Knie zwangen, brachten unsägliche Qualen über das ganze Volk der Ägypter, bis Pharao endlich Gottes Macht erkennen und sich ihr beugen musste.

Seit dieser Zeit haben Menschen immer wieder versucht, die Lehre der Geschichte des Exodus zu relativieren oder zu übersehen. Unzählbar die Versuche, Gott als Autorität letzter Entscheidungen abzulösen, sich auf den Thron der Schöpfung zu schwingen, um die Geschichte zu lenken und zu leiten. Ungezählte unschuldige Opfer mussten meist für solche Vermessenheit zahlen. Heutzutage hat uns die Wissenschaft ein Zerstörungspotenzial an die Hand gegeben, das die Plagen Ägyptens als Bagatellen erscheinen lässt. Wäre es nicht ratsam über den Toren und Türen jedes Hauses und jeder Kanzlei, in welchen die Mächtigen und Regierenden ihre Arbeit verrichten, das Motto anzubringen:

„Der Mensch denkt und Gott lenkt."

Eigentlich, als Nachgedanke – vielleicht sollten wir uns das auch auf unsere Türen schreiben?

Bo, Exodus 10.1–13.16

Man muss die Bibel mit Fantasie und reichem Vorstellungsvermögen lesen können. Nur so eröffnet sie sich uns in all ihrem leuchtenden und lehrreichen Reichtum. Die Welt, von der sie spricht, ist unsere Welt und die Menschen, die sie uns vorführt, sind Menschen aus Fleisch und Blut wie wir. Wir können uns gedanklich in die beschriebenen Situationen hineinversetzen, sie mit- und nacherleben, mitfühlen, mitleiden und mitlernen. Der Wochenabschnitt dieses Schabbats, der vom Auszug der Kinder Israel aus Ägypten berichtet, beginnt mit dem Bericht über die dramatische Konfrontation zwischen Moses und dem Pharao. Eingebettet in dieses titanische Ringen sind die zehn Plagen, die den Pharao am Ende in die Knie zwangen. Vielleicht spielte es sich folgendermaßen ab:

Totenstille hatte sich über den gigantischen Thronsaal des pharaonischen Palastes gelegt. Mit angehaltenem Atem wartet die versammelte Schar der Minister, Höflinge und Diener darauf zu sehen, wie der Pharao, oberster Herrscher und gottgleicher Regent der Großmacht Ägypten, auf die ihm soeben entgegengeschleuderte Herausforderung antworten würde. So etwas hatte es zu der Zeit und in den Erfahrungen aller dort Versammelten noch niemals gegeben. Da stellt sich ein ehemaliger, wegen Totschlags zum Tode verurteilter Zögling des königlichen Hofes, der über viele Jahre Schafe in der Wüste Sinai gehütet hatte, vor den mächtigsten Mann des Landes hin und verlangt, dass er ein ganzes Sklavenvolk aus der Fronherrschaft in die Freiheit entlassen solle. Dabei kann der Schafhirte sich nicht einmal richtig artikulieren. Er stottert und spricht mit schwerer Zunge, hat auch noch seinen Bruder mitgebracht, für ihn zu reden. Solch eine Unverfrorenheit konnte bestimmt nicht gut ausgehen, und wie versteinert warten alle auf die Entladung des Zornes Pharaos.

Pharao sieht das Ganze etwas anders. In seiner Brust kämpfen unterschiedliche Gefühle und Emotionen, und er fühlt sich gar nicht unter Druck, sich schnell und entscheidend äußern zu müssen. Ja, Zorn verspürt er schon angesichts dieser beispiellosen, atemberaubenden Frechheit. Doch entbehrt es auch nicht eines Quäntchens Humor, wenn ein unbedeutender Schafhirte allen Ernstes vor den mächtigsten Mann des Königsreiches mit den absurdesten Forderungen tritt, anscheinend völlig unbeeindruckt von der unüberbrückbaren Kluft, welche die Kontrahenten trennt. Auch ein wenig Bewunderung kann der Pharao sich nicht versagen. Nicht viele würden es wagen, so vor ihn zu treten. Entweder steht hier ein völlig Verrückter vor ihm, oder – und bei diesem Gedanken erlischt der Anflug des spöttischen Lächelns, das für einen Moment des Pharaos Lippen umspielt hatte – ein kaltblütiger, ernsthafter Herausforderer. Er blickt in das knorrige, von Wind und Wetter gezeichnete Gesicht seines Gegenübers und fühlt dessen ruhigen und harten Blick auf sich ruhen. Ein kalter Schauer läuft unfreiwillig seinen Rücken hinunter, eine dumpfe, schlimme Ahnung umklammert für eine Sekunde sein Herz. Der Pharao lässt die Worte, die diese Männer eben zu ihm gesprochen hatten, nochmals nachklingen: „So spricht der Gott Israels: Lass mein Volk ziehen, dass es mir in der Wüste diene."

Wer ist dieser Gott Israels, den er nicht kennt und der nicht zu den Göttern Ägyptens gehört; was ist seine Macht und welches sein Bereich? Wer ist dieser Gott Israels? Wohl ein Wüstengott, dessen Auftrag seine Gesandten mit solch beeindruckendem Mut und Selbstsicherheit beseelt, dass sie sich so ruhig und standhaft ihm, dem Pharao, gegenüber stellen?

Nur für Sekunden gehen diese Gedanken durch des Pharaos Bewusstsein, dann fängt er sich wieder und schlüpft in die von ihm erwartete Rolle zurück. Er ist der Pharao, die erste Macht in Ägypten, und die einzigen Götter sind die seinen, nur diese zählen. Und so spricht er: „Ich weiß nichts von dem Herrn und ich werde Israel auch nicht ziehen lassen."

Anlass, die in der Bibel knapp erzählte Gegenüberstellung von Moses und Pharao von der Fantasie ausmalen zu lassen, ist der Umstand, dass diese Episode die Lesung aus der Torah für diesen Schabbat bildet. Soweit sie eine tatsächliche, geschichtliche Begegnung berichten will, präsentiert uns diese Erzählung nicht etwa in ihrer Denk- und Handlungsweise begrenzte Marionetten, sondern beeindruckend starke, eigenwillige Männer, die ihre Ansichten und Ziele mit Nachdruck und Überzeugung vertreten. Komplizierte und manchmal widersprüchliche Gefühle und Argumente liegen ihren Handlungsweisen zu Grunde. Was uns die Bibel als immer aktuelles und uns belehrendes Dokument beibringen will, wird durch die Erkenntnis, dass die in ihren Berichten auftretenden handelnden Menschen sind wie wir, eindrucksvoller und überzeugender gestaltet. Demgemäß ist es wenig hilfreich, den damaligen Pharao Ägyptens als einen Erzbösewicht, der nichts anderes kann und will als ein ganzes Volk brutal zu unterdrücken und zu dezimieren, darzustellen. Gerade nur, wenn wir in ihm einen Menschen sehen, der Entscheidungs- und Wahlfreiheit besitzt, erkennen wir die Ähnlichkeit zwischen ihm und den tyrannischen Herrschern und Machthabern unserer und jeder Zeit. Die Forderung nach Freiheit und menschlicher Würde wurde nicht nur damals in Ägypten gestellt, sie hallt noch am heutigen Tag in den Korridoren des Geschehens.

Gerade weil wir in der biblischen Erzählung Züge zeitgenössischer Problematik wiedererkennen, erhält der weitere Verlauf des dortigen Geschehens beispielhafte Bedeutung für uns und unsere Zeit. Der Wochenabschnitt berichtet dann auch von dem sich länger hinziehenden Prozess der Bezwingung von Pharaos Widerstand.

Hinter der von Moses geäußerten Forderung, sein Volk ziehen zu lassen, steht ein höherer Wille, der, wenn er auch der Entscheidungsmöglichkeit der Menschen freies Spiel lässt, sich endgültig durchsetzt und obsiegt. Indem Moses an den Pharao mit den Worten: „So spricht der Gott Israels!" herantritt, stellt er seine Forderung unter diesen Willen und hebt sie aus dem Rahmen menschlicher Entscheidungen heraus. Die in die Schöpfung eingebaute Würde und Freiheit des Menschen ist der strittige Punkt, über das Schicksal eines Volkes zu einer bestimmten Zeit hinaus.

So lange die Arroganz der Macht ihr willkürliches Spiel mit den Rechten der Menschen treibt, wird es Sprecher und Mahner wie Moses geben, die ihr zurufen: „Sch'lach et Ami – Lass mein Volk ziehen!".

Beschalach, Exodus 13.17–17.16

Im Mittelpunkt der Toralesung dieses Schabbats steht ein Lied. Deshalb trägt er auch einen besonderen Namen: Schabbat Schirah – der Schabbat des Liedes. Es ist ein Lied der Geretteten, Erlösten, aber es ist gleichzeitig ein Lied, das angesichts des Todes und der Vernichtung gesungen wurde. Es ist ein atemlos, fast wild klingendes Lied, das sich in abgehackten Sätzen den Geretteten im Lichte einer eben durchlebten, überwältigen Erfahrung, entringt.

Nach zehn harten Plagen hatte Pharao die Kinder Israel endlich aus Ägypten ziehen lassen müssen. Die letzte Plage, der Tod aller Erstgeborenen, hatte seinen hartnäckigen Widerstand gebrochen. In Furcht und Panik, inmitten der dunklen Nacht, wurden die versklavten Israeliten aus dem Land gejagt. Doch im Lichte des hellen Tages sahen die Dinge anders aus und schnell bereute der Despot sein nächtliches Handeln. Mit großer Heeresmacht, mit Rossen und Streitwagen verfolgte Pharao die ausziehenden Sklaven, um sie wieder zu ihrer Fronarbeit zurückzuschleppen. So sahen nun die am Ufer des Schilfmeeres lagernden Kinder Israel, die wohl noch gar nicht richtig an ihr Glück glauben konnten, die überwältigende Streitmacht Ägyptens heranziehen. Der Traum der Freiheit schien ausgeträumt, ehe er noch begonnen hatte. Was dann geschah, weiß wohl jedes Kind. In wunderbarer Weise wurden die Kinder Israel gerettet. Der Morgen fand sie in Sicherheit am östlichen Ufer des Meeres, und ihre ungläubigen Augen sahen die durch die Fluten der Wasser gebrochene und zerstörte Macht Ägyptens zu ihren Füßen liegen. Ein Wunder, ja – es war ein Wunder. Das Bild, das sich ihnen bot, war das Bild einer verheerenden Katastrophe. Der Tod hatte Tausende von Menschen und Tieren zerschmettert und nun lagen sie wie zerbrochene Puppen leblos im Schilf und Sand am Rande des Meeres. Frischer Duft des Morgens der Freiheit durchwoben mit dem Gestank einsetzender Verwesung. Da sangen sie ein Lied. Eine verständliche Reaktion, die uns aber, auch über die Distanz der Zeit hinweg, doch bedrückt.

Lassen wir die Worte der Bibel berichten: „So errettete der Herr an jenem Tage Israel aus der Hand der Ägypter, und Israel sah die Ägypter tot am Ufer des Meeres liegen. Als Israel sah, wie gewaltig sich die Hand des Herren an den Ägyptern erwiesen hatte, da fürchteten sie den Herren, und sie glaubten an den Herren und an seinen Knecht Moses. Da sangen Mose und die Kinder Israel dem Herren dieses Lied: Singen will ich dem Herren, denn hoch erhaben ist er; Ross und Reiter warf er ins Meer. Meine Stärke und mein Loblied ist der Herr, und er ward mein Heil; er ist mein Gott, ich will ihn preisen, der Gott meines Vaters, ich will ihn erheben. Der Herr ist ein Kriegsheld, Herr ist sein Name. Die Wagen des Pharao und seine Streitmacht warf er ins Meer, ins Schilfmeer sind versenkt seine auserlesenen Krieger. Die Fluten bedecken sie, sie fuhren zur Tiefe wie Steine. Deine Rechte, o Herr, herrlich in Kraft, deine Rechte, o Herr, zerschmettert den Feind."

Genauer betrachtet ist dies kein richtiges Siegeslied. Kein Wort spricht von eigener Größe, Macht oder von eigenem Verdienst. Auch keine Freude am Tode des Feindes kommt zum Ausdruck. Ja, so überwältigt scheinen die wunderbar Geretteten, dass sie nicht einmal ihren Dank und ihre Erleichterung zum Ausdruck bringen. Die Wende der Ereignisse war so dramatisch, die Lösung der Spannung so unerwartet und schnell, die Machtentfaltung der Hand Gottes so überwältigend, der Beweis der Grenzen menschlicher Macht so endgültig und überzeugend, dass Stille und Schweigen die Überlebenden seelisch zerrissen hätte. Uneindämmbar, spontan, entringt sich ihnen der Schrei, der die Allmacht Gottes anerkennt und preist. Da wird die Wirklichkeit erkannt, dass der Mensch, selbst wenn er mit allen Mitteln der irdischen Macht ausgestattet ist, – dass, wenn der Mensch in seiner Arroganz und in seinem Machthunger denkt – Gott lenkt, und zwar zum Guten lenkt.

Erst auf den zweiten Blick, nachdem man sich sozusagen an das Wunder gewöhnt hat, dämmert die Einsicht, um welchen Preis dieses Wunder erkauft wurde. Mit dem Tod verliert auch der Feind seine Fratze und wird wieder Mitmensch. Einzelne Gesichter stechen aus den Haufen der Opfer hervor und zeugen von der Sinnlosigkeit zwischenmenschlicher Konflikte. Sie zeugen in ihrer Totenstille beredt von Pein, Schmerz und Trauer. Dann verstummt das Lied, das eigene Leben schmeckt etwas salzig, und der Glaube an Gottes Macht wird verinnerlicht, geläutert durch die Erkenntnis, dass ihre Entfaltung auf diese Art Gott eigentlich von den Menschen aufgezwungen ist – wenn man das überhaupt so ausdrücken kann.

Die jüdische Lehre und Tradition haben diesen harten zweiten Blick auf die Szene am Ufer des Schilfmeeres geworfen. Am Sederabend, dem Vorabend des Pessachfestes, da die Erlösung aus der ägyptischen Knechtschaft jährlich gefeiert wird, werden auch die Plagen, die Ägypten befielen, aufgezählt. Beim Nennen jeder Plage entfernen die Anwesenden einen Tropfen aus den vor ihnen stehenden Weingläsern. Das soll darauf hinweisen, dass unser Becher des Glücks so lange nicht voll ist, nicht überlaufen kann, so lange andere Menschen – selbst unsere Feinde – noch leiden müssen. Und so lehrt denn auch die Torah, die guten Erinnerungen vor die bösen stellend: Du sollst den Fremdling lieben, denn du warst einmal ein Fremdling im Lande Ägypten.

So lehren auch unsere Weisen, in einem berühmten Midrasch, einer homiletischen Erzählung: Als die Kinder Israel gerettet am Strande des Schilfmeeres standen und die Ägypter tot in den Fluten und am Ufer lagen, da wollten auch die himmlischen Heerscharen ein Jubellied anstimmen. Da gebot Gott ihnen zu schweigen und sprach: „Meine Geschöpfe ertrinken im Meer und ihr wagt es zu singen?"

Jitro, Exodus 18.1–20.23

So sprach der Weise Ben Asai: „Achte keinen Menschen zu gering und glaube von keinem Ding, dass es unmöglich sei, denn es gibt keinen Menschen, der nicht seine Stunde, und kein Ding, das nicht seinen Platz fände." Im Sinne dieser Aussage und im Geiste aller jüdischen Legenden ist auch die nachstehende Erzählung aus der Feder des beliebten Dichters der hebräischen Renaissance der Neuzeit, Chayim Nachman Bialik, geschrieben.

Es war ein warmer Sommertag und König Salomo ruhte in seinem Garten im Schatten eines herrlichen Feigenbaums. Nun ist ja allen wohl bekannt, dass König Salomo nicht nur der weiseste aller Menschen war, sondern auch die Sprache aller lebenden Geschöpfe beherrschte. Kaum war der König eingeschlafen, da landete ein kleines Bienchen auf seiner Nasenspitze und, glaube es wer mag, stach ihn gerade an dieser empfindlichen Stelle. Salomo schoss in die Höhe, betastete seine anschwellende Nase und sah sich wütend nach dem Täter um. Aber die kleine Biene hatte sich wohlweislich bereits aus dem Staub gemacht. Des Königs Nase wurde immer größer, bis sie die ansehnliche Dimension einer Gurke annahm, und Salomo, von Schmerz gepeinigt, wurde zunehmend griesgrämiger. Grimmig befahl er allem, was flog und stach, sich unverzüglich zum Verhör in seinem Garten einzufinden. Und so versammelten sich alle Bienen, Wespen und Moskitos, bis zur kleinsten Mücke, vor dem hohen Herrn. Der König stampfte mit seinem Fuß auf den Boden und gebot Stille. Wie abgeschnitten hörte alles Surren und Summen auf; kein Flügel oder Fühler bewegte sich. Wütend rief der König aus: „Wer unter euch hat sich unterstanden, dem König so etwas anzutun?", und dabei zeigte er auf seine angeschwollene Nase. Plötzlich löste sich eine kleine Biene aus dem Haufen und näherte sich zitternd dem König. Mit beschämt gesenktem Kopf stand sie da und fast konnte man sie nicht hören, als sie sprach: „Ich habe es getan, eure Majestät, ich bin die Schuldige!" – „Du!", brüllte der König, „fürchtest du nicht Salomos Zorn?" – „Ich bitte tausendmal um Vergebung. Ich tat es nicht absichtlich. Ich bin nur ein armes kleines Bienchen und ich war auf meinem ersten Flug aus meinem Korb. Ich habe den Unterschied zwischen einer Blume und einer Nase noch nicht richtig gelernt. Für mich sah die Nase eurer Majestät aus wie eine Blume und sie roch wie ein frischer Apfel. So konnte ich nicht widerstehen und ich kostete. Als ich meinen Fehler bemerkte, war es bereits zu spät. Verzeihe mir, edler König, denn vielleicht werde ich deine Gnade eines Tages vergelten können." Während das Bienchen sprach, hatten sich die Züge des Königs bereits beruhigt, und nun begann ein sanftes Lächeln seine Lippen zu umspielen. Zum Schluss lachte er amüsiert auf und fragte: „Du glaubst, eines Tages dem König helfen zu können? Jetzt verschwinde aber schnell, denn sonst …!" Das Bienchen ließ sich das nicht zweimal sagen, und schnell flog es davon.

Nun, die Nase König Salomos heilte und der Zwischenfall geriet in Vergessenheit. Einige Jahre später kam die legendär schöne und weise Königin von Scheba auf Besuch zu König Salomo. Alle ihre Fragen und Rätsel konnte Salomo lösen, bis sie eines schönen Tages eine ganze Anzahl Blumensträuße vor den König stellen ließ. „Dies sind Blumen aus meinem Land, o weiser Salomo, einige sind natürlich und die anderen von Menschenhand gemacht. Kann eure Majestät sie unterscheiden?" Die Blumen waren wunderbar gefertigt und Salomo befürchtete, dieses Mal nicht antworten zu können. Als er so versonnen die Blumen betrachtete, hörte er ein leises Summen außerhalb eines der großen Fenster an der Gartenseite des großen Saales. „Schnell, öffne das Fenster!", flüsterte er einem der Diener zu. Ungesehen und nur von König Salomo bemerkt, flog das kleine Bienchen in den Saal. Einige Male flog es schnuppernd zwischen den Blumen hin und her und ließ sich dann auf dem natürlichen Strauß nieder. „Dies sind die natürlichen Blumen", rief der König mit Bestimmtheit aus, deutete auf den Strauß, auf dem die kleine Biene vergnügt ihre Fühler auf- und abschwang. Die Königin von Scheba war gebührend beeindruckt und stellte keine weiteren Rätsel mehr.

An jenem Abend schrieb der weise König Salomo einen weiteren Spruch in seine Sammlung von Sprichwörtern: Wer irgendein Geschöpf Gottes verachtet, wird dadurch leiden.

Der Spruch Ben Asais – der sich auch in dieser Erzählung Bialiks widerspiegelt – ist, verständlicherweise, auch kein Allheilmittel für die Menschheit und die Welt. Natürlich ist auch dieser Lehrsatz nur begrenzt anwendbar und gültig. Die Einsicht, jeder Mensch habe seine Stunde und jedes Ding seinen Platz, darf keinesfalls dazu verführen, alles uns schlecht, böse, gefährlich und bedrohend Erscheinende fatalistisch und tatenlos zu akzeptieren, mit der Ausrede, es werde schon alles seinen Sinn, Grund und Zweck haben, wenn wir ihn auch weder erkennen noch begreifen können. Ben Asai weist nur auf Möglichkeiten, nicht auf Gewissheiten hin. Sonst würde ja unsere Welt ganz anders aussehen, als sie es wirklich tut.

Das Wesentliche der Lehre Ben Asais ist es, uns gegen Vorurteilen, Überheblichkeit und Gleichgültigkeit zu warnen. Oberflächliche, momentane Beobachtungen und Eindrücke dürfen nicht leichtfertig unsere Einstellungen und Urteile prägen. Es steht uns nicht zu von Anfang an, ohne genaue Überlegungen und Überprüfungen angestellt zu haben, Menschen zu verachten und Dinge zu verwerfen. Ben Asai lehrt uns, schlicht und einfach a priori jedem Menschen und jedem Ding mit Achtung und Respekt zu begegnen. Es sei denn, dass uns reife, auf Erfahrung und moralische Werte begründete Erwägungen zu dem Schluss zwingen, einige unter ihnen könnten dies nicht verdienen.

Jitro, Exodus 18.1–20.23

Inhaltlich betrachtet, stellt der Wochenabschnitt dieses Schabbats einen Höhepunkt im jährlichen Reigen der Torahvorlesungen dar, enthält er doch den Bericht über die Offenbarung der 10 Gebote am Berg Sinai. Diese verhältnismäßig kurze Liste der wohl fundamentalsten Gesetze überhaupt ragt so mächtig über den Ozean der Weltliteratur heraus, dass man sie bei jedem sich bietenden Vorwand immer wieder von Neuem diskutiert, analysiert, erklärt und bewundert. Die Versuchung, dies auch heute hier zu tun, ist zwar groß, doch möchte ich ihr widerstehen, denn es gibt in diesem Wochenabschnitt auch ansonsten Erzählungen und Berichte, die zwar weniger welterschütternde Züge aufweisen, aber trotzdem voller Interesse weckender Bedeutung sind.

So möchte ich heute Ihre Aufmerksamkeit auf den Bericht über den Besuch Jitros, Moses' Schwiegervater, im Lager der Kinder Israel, nach deren Auszug aus Ägypten, lenken – trägt doch dieser Wochenabschnitt den Namen Jitros. Als bedeutend ist zu bemerken, dass dieser Besuch vor der Offenbarung am Berg Sinai stattfand.

Dies ist, kurz zusammengefasst, der Bericht der Bibel:

Jitro, der Priester zu Midjan, Schwiegervater Moses', dessen religiöser Glaube von der Bibel eigentlich nie genau definiert wurde, kam in das Lager der Israeliten und brachte Moses Frau Zippora und deren zwei Söhne, Gerschom und Elieser, mit sich. Er wurde von Moses, Aaron und den Ältesten des Volkes mit Ehre und Respekt empfangen. Am Tag nach seiner Ankunft sah er, wie Moses den ganzen Tag inmitten der ihn umlagernden Volksmasse saß, um Recht zu sprechen. Verwundert und kritisch fragte er Moses: „Was tust du diesem Volk an, dass du alleine sitzt, und das Volk um dich steht von früh bis abends?" (Wohl der erste Bericht des heute noch so üblichen Schlangestehens.) „Das, was du zu tun versuchst, ist zu schwer für dich. Weder du, noch das Volk werden es durchhalten können. Höre auf meinen Rat. Delegiere die weniger gravierenden Fälle an Fürsten über Tausend, über Hundert, über Fünfzig, und über Zehn. Sie sollen zu allen Zeiten Recht sprechen. Du aber lehre sie die Gesetze und Gebote Gottes und entscheide du selbst alle wichtigen und bedeutenden Fälle, die anderen überlasse ihnen. So wirst du bestehen können, und du und das Volk, ihr werdet an den euch bestimmten Plätzen zu Frieden kommen. Und Moses tat, was ihm sein Schwiegervater empfohlen hatte.

Geschichtlich interessant ist die Tatsache, dass die Kinder Israel bereits vor dem Sinai – vor der Offenbarung der Zehn Gebote und der sich daran anschließenden Verkündung der vielen anderen in der Torah zitierten Gesetze und Vorschriften – eine Rechtsprechung kannten, und zwar, auf Grund der „Gesetze Gottes und seiner Gebote", wie Moses selbst sie bezeichnet. Daraus muss man schließen, dass der Sinai kein Neuanfang war, sondern ein Höhepunkt in einer Reihe, die sich weit in die ferne Vergangenheit zog. Die Ereignisse am Fuße des Berges erhalten dadurch mehr den Charakter einer Erneuerung des Bündnisses.

Die Effizienz des Delegierens ist für uns nichts Neues. Der Rat Jitros ist zum Teil fester Bestandteil des modernen Managements geworden. Würde Moses' Schwiegervater die Auswüchse unserer Bürokratie beobachten, hätte er wahrscheinlich weitere, gute Vorschläge für uns, die vielleicht in gegensätzliche Richtung tendieren würden. Ich sagte, zum Teil seien Jitros Ratschläge auch bei uns gang und gäbe. Den wichtigsten Teil haben wir nämlich übersehen oder als unpraktisch oder undurchführbar ignoriert. Der Kernpunkt seiner Lehre steht als Ideal auch für uns und alle Zeiten immer noch als relevant da: die Frage nach den Eigenschaften, die derjenige besitzen muss, der über das Volk richten soll.

So sprach damals Jitro zu Moses: „Du sollst dir aus dem ganzen Volk fähige Männer aussuchen, die Gott fürchten, Männer der Wahrheit, die Korruption hassen – und setze sie über das Volk als Fürsten der Tausend, der Hundert [...].""

Da findet sich in einem Satz der ideale Richter, der ideale Beamte, die Voraussetzung für alle Regierenden – von Königen und Präsidenten angefangen, bis zum Verwalter der Schneeräumgruppen oder der Müllabfuhr.

Fähig, gottesfürchtig, wahrheitsliebend und korruptionsdicht. Und noch eins: „Aus dem ganzen Volk sollst du sie aussuchen [...]." Ein jeder, der diese Eigenschaften besitzt, kommt für eine Stellung mit Autorität in Frage. Keiner hat auf Grund der Abstammung, seiner gesellschaftlichen und materiellen Stellung a priori einen Anspruch, über seine Mitmenschen eingesetzt zu werden.

„Fähig, gottesfürchtig, wahrheitsliebend und die Korruption hassend" – nur das.

Auch heute noch verneigen wir das Haupt vor Jitros Weisheit und geben zu: Noch suchen wir.

—•—

Mischpatim, Exodus 21.1–24.18

Grammatik war nie mein liebstes oder bestes Schulfach. Eine Regel ist mir aber im Gedächtnis geblieben. Normalerweise soll ein Prosasatz nicht mit dem Wörtchen „und" beginnen. Wahrscheinlich ist dies der Grund dafür, warum der deutsche Übersetzer der Bibel das „und", welches im hebräischen Urtext am Anfang des Wochenabschnittes dieses Schabbats steht, unterschlagen hat. So lesen wir in der Übersetzung den Beginn des Abschnitts Mischpatim wie folgt: „Dies sind die Rechtsatzungen, die du ihnen vorlegen sollst." Damit wurde mir der Aufhänger für meine heutige Betrachtung geraubt, und ich muss ihn mir aus dem Originaltext hervorholen. Denn da beginnt der Abschnitt mit der Vorsilbe „we", die ja ganz eindeutig ein „und" darstellt. Dann heißt es also dort richtig: „Und dies sind die Rechtsatzungen, die du ihnen vorlegen sollst." Nun ist es auch im Hebräischen nicht üblich, einen Satz mit „und" ohne wesentlichen Grund anzufangen, und unsere Weisen, die ja für die Nuancen der biblischen Sprache besonders hellhörig waren, haben sofort gespürt, dass in dieser Satzform, besonders an der Nahtstelle zweier Abschnitte, kein Zufall zu sehen ist.

Im Wochenabschnitt des vergangenen Schabbats lasen wir über die Theophanie am Berg Sinai mit der Verkündung der Zehn Gebote und damit wohl einige der berühmtesten Kapitel der Heiligen Schrift. Kaum irgendwo ist ein besseres und einrucksvolleres Beispiel von Gesetzgebung zu finden. Das Wesentliche der dem Menschen abverlangten Einstellung zum aufrechten Leben ist dort destilliert zusammengefasst. In allen Ecken der Welt und in allen Sprachen kennt man diese Zehn Gebote, das gilt auch für Menschen, die vom restlichen Inhalt der Bibel wenig Ahnung besitzen. Selbst die, die sich biblischem Gottesglauben verschließen, können dieser Zusammenfassung religiöser Ethik ihre Bewunderung nicht versagen.

Mit dem Beginn des 21. Kapitels des zweiten Mosesbuches, wo der Wochenabschnitt dieses Schabbats, Exodus, einsetzt, scheint sich ganz abrupt eine gewisse Abkühlung einzustellen. Vorbei die begeisternden und fantasieanregenden Kadenzen der Sinaitischen Verkündung, die Beschreibung umwälzender Ereignisse von epischen Ausmaßen. Plötzlich befinden wir uns inmitten eines ziemlich zusammengewürfelten Katalogs von Gesetzen und Vorschriften, die sich mit Dingen des Alltags befassen. Da ist von den Rechten der Sklaven, den juristischen Folgen von Schlägereien, Unfällen und von viel Ähnlichem mehr die Rede. Und gerade an der Nahtstelle zwischen dem Bericht über die Ereignisse am Berg Sinai und diesem Katalog der Gesetze für den Alltag da steht das Wort „und". Jüdische Kommentatoren – allen voran Raschi, der herausragende Interpret der Bibel – Rabbi Mosche ben Jitzchak aus Troyes – schließen daraus, dass auch die Gesetze, von denen wir nun hören, genauso wie die Zehn Gebote, den Kindern Israel am Sinai gegeben wurden und so einen Teil der Offenbarung bilden und mit demselben Ernst und der gleichen Verbindlichkeit betrachtet werden müssen.

Dabei kommt es nicht auf den geografischen Ort der Verkündung dieses Rechtskatalogs an, sondern auf den Umstand, dass die Gebote für das tagtägliche Leben als Kehrseite der Medaille, deren andere Seite die Zehn Gebote darstellen, zu verstehen sind. Sie sind alle aus demselben Guss, gehören untrennbar zusammen. Leider ist es erwiesene Tatsache menschlichen Benehmens, dass es uns meist leichter fällt, den hehren Verallgemeinerungen zuzustimmen, als diesen eine praktische Form zu geben, die wir dann auch als verpflichtend annehmen. Man braucht nur die Tageszeitung durchzublättern, um festzustellen, dass man überall auf der Welt gleichermaßen für Gerechtigkeit, Frieden und Nächstenliebe ist. Nur legt man diese Begriffe nach eigenen Gesichtspunkten aus, wobei leider Vorteil, Egoismus und Bequemlichkeit bedeutende Rollen spielen. Es fällt bedeutend leichter, sich verbal zur Menschenwürde zu äußern, als Hand anzulegen, um dem Esel, der unter seiner Last zusammengebrochen ist, aus dem Dreck zu helfen. Zusammenfassend gesagt: Erst wenn Bekenntnisse zu ethischen Grundsätzen in die Tat übersetzt werden, dann werden sie verpflichtend und ernst. Das wird von uns gefordert und verlangt. Denn nur durch die Praxis erlangen Prinzipien Wirkung im Leben der Menschen. Kurzum: Mit Worten ist es nicht getan. Diese Gedankenzüge liegen auch der prophetischen Mahnung Jesajas zu Grunde, wenn er den Fastenden und Betenden seiner Zeit zurief: „Ist das ein Fasten, das mir gefällt: ein Tag, da der Mensch sich kasteit? Dass man den Kopf hängen lässt wie die Binse? Sich in Sack und Asche hüllt, soll das ein Fasten heißen, und ein Tag, der dem Herrn gefällt? Ist nicht da ein Fasten, wie ich es liebe: dass du ungerechte Fesseln öffnest, die Stricke des Joches löst, dass du Misshandelte frei lässt und jedes Joch zerbrichst, dass du dem Hungrigen dein Brot brichst und Arme, Obdachlose in dein

Haus führst, wenn du einen Nackten siehst, dass du ihn kleidest, und dich den Brüdern nicht entziehst?"

Ähnliches lernen wir, auf andere Weise, von dem chassidischen Rebbe Mosche Leib aus Sassov. Er sagte zu seinen Schülern: „Wie man seinen Nächsten wirklich lieben muss, lernte ich aus einer Unterhaltung zwischen zwei Bewohnern meines Dorfes. Der erste sagte: ‚Sag mir, mein Freund, liebst du mich?' Antwortete der zweite: ‚Ich liebe dich von ganzem Herzen.' – ‚Weißt du, mein Freund, was mich schmerzt?' – ‚Wie kann ich denn wissen, was dich schmerzt?' – ‚Wenn du nicht weißt, was mich schmerzt, wie kannst du sagen, dass du mich wirklich liebst?' Versteh denn", schloss der Sassover, „zu lieben, wahrlich zu lieben, heißt zu wissen, was euren Mitmenschen schmerzt."

Um abschließend nochmals auf das kleine „und" am Anfang des Wochenabschnitts zurückzukommen: Ist es nicht bemerkenswert, wie aussagekräftig solch ein winziges Wörtchen am rechten Fleck sein kann?

Teruma, Exodus 25.1–27.19

Also, so ganz arme Schlucker können die Kinder Israel nicht gewesen sein, als sie Hals über Kopf aus der Knechtschaft Ägyptens in die Freiheit katapultiert wurden. Es lohnt sich schon, dies zu erwähnen, denn im Allgemeinen würde man doch annehmen, dass Sklaven, die seit langer Zeit unterdrückt und entrechtet waren, bei ihrer Flucht wenig mitzunehmen hätten. Was stimmte nun wirklich? Zum einen, dass sie bestimmt nicht besitzlos das Land ihrer Pein und Schmach verlassen hatten, zum anderen, dass sie nicht so viel hatten, wie man glauben könnte, sondern dass ihre Großzügigkeit und Gabenfreude zur Überschätzung ihrer Habe verführt.

Aber lassen Sie mich zum Anfang zurückkehren, denn sonst werden sie kaum verstehen, worüber ich hier fabuliere.

Ausgangspunkt meiner Gedankenspiele ist der Wochenabschnitt Teruma, dessen Inhalt diesen Schabbat in den Synagogen vorgetragen wird. Er berichtet von der Konstruktion und Ausstattung des Stiftzeltes, jenes tragbaren Heiligtums, welches die Kinder Israel auf ihrem Wanderweg durch die Wüste und bei der Einnahme Kanaans begleitete. Parallel dazu spricht die zugeordnete Lesung aus den Prophetenbüchern, die so genannte Haftarah, auch ein Thema an, welches mit dem Bau eines herausragenden Heiligtums, nämlich des ersten Tempels zu Jerusalem, in Verbindung steht. Bemerkenswert ist der enorme materielle Aufwand, der in beiden Fällen zum Tragen kam. Mag das im Rahmen einer sesshaften Gesellschaft nicht so verwunderlich sein, ist es doch verblüffend, wenn ein mobiles Heiligtum, errichtet von und für einen Riesenhaufen entkommener Sklaven, der oft nicht genug gegen Hunger und Durst aufbringen konnte, so opulent und großzügig mit Gold, Silber, Edelsteinen, reichen Hölzern und Stoffen ausgestattet wurde, wie es uns die Bibel berichtet.

Lassen wir die Schrift selber sprechen: „Und der Herr sprach zu Moses: ‚Sage den Kindern Israel, sie sollen eine Gabe für mich erheben; von einem jeden, den sein Herz dazu treibt, sollt ihr die Gabe für mich erheben. Dies aber sei die Gabe, die ihr von ihnen erheben sollt: Gold, Silber und Kupfer, Stoffe von rotem und blauem Purpur, von Karmesin, Byssus und von Ziegenhaar […]. Und sie sollen mir ein Heiligtum machen, dass ich mitten unter ihnen wohne." So weit die Bibel. Es gilt hier festzuhalten: Die Kinder Israel folgten diesem Aufruf mit beispielhafter Großzügigkeit. Sie brachten mehr als man zum Bau gebrauchen konnte, sodass man die Aktion der Gabensammlung einstellen musste; und sie gaben freiwillig, also ohne jeden Zwang!

Diesen in der Bibel wiedergegebenen Anlass möchte ich nun verallgemeinern. An allen Ecken der Welt und zu allen Zeiten haben Menschen mit großem Aufwand Gotteshäuser errichtet: Freiwillig und mit erstaunlicher Großzügigkeit haben auch die Ärmsten ihr Scherflein dazu beigetragen. Kathedralen, Moscheen, Synagogen und Tempel aller Arten zeugen auf den fünf Kontinenten davon, dass das Verhalten der Kinder Israel in der Wüste keineswegs ein Einzelvorkommnis war. Wer von Ihnen war nicht schon auf einer Reise in einem abgelegenen Winkel um dort, umgeben von Armut und Bescheidenheit, eine feine Kirche oder einen Tempel vorzufinden, in deren Innerem auch der goldene Schmuck und die teuren Edelsteine nicht fehlten. In solchen Fällen lassen sich die Kontraste schwer schlucken und schnell ist man mit einem verwerfenden Urteil bei der Hand. Nur verwundert es dann immer wieder, dass gerade die Betroffenen, die dort lebenden Einheimischen diesen anscheinenden Widerspruch nicht zu bemerken scheinen und in Frömmigkeit und ja, mit liebevoller Zuneigung, gerade an dieser Stelle beten. Gewohnheit, Bequemlichkeit, Aberglaube, mangelnder sozialer Horizont? Zu leicht würden wir es uns mit solchen unbedachten, besserwisserischen Urteilen machen, zu schnell und rücksichtslos würden wir gerade die Menschen, um die es uns angeblich geht, abqualifizieren.

Bedenken wir auch: Gerade die Bibel ist es, in der von dem verhältnismäßig prunkvollen Bau des Stiftszeltes erzählt wird; und dies ohne jeden Protest. Auch die grandiosen Baupläne des Tempels in Jerusalem finden in der Schrift keinerlei Kritik. Und hat Jesus je die Herrlichkeit des Tempels verurteilt und die Verteilung des Tempelschatzes unter die Armen gefordert? Gerade dort, in den Kapiteln der Bibel, der Magna Charta der sozialen Gerechtigkeit, wird diese Diskrepanz nicht nur ohne Einspruch zur Kenntnis genommen, sondern sogar befürwortend empfohlen. Da muss ganz etwas anderes im Spiel sein als Prunksucht, Größenwahn oder Demonstration von Macht und Reichtum!

Möglicherweise versteht der einfache Mensch aus dem Volk besser als der politische Ideologe oder der theorieliebende Weltverbesserer, dass es weniger um das Gebäude als solches geht, als darum, wofür es steht und was es vermittelt. Nicht der Bau, sondern die Stimme, die in ihm und aus ihm zur Geltung kommt, zählt!

Im Zusammenhang mit der Errichtung des Stiftzeltes bringt es die Bibel auf den Punkt: „Sie sollen mir ein Heiligtum machen, dass ich mitten unter ihnen wohne." Das Heiligtum selbst ist nicht die beabsichtigte Wohnstätte von Gottes Gegenwart. Diese, die Schechinah, wohnt unter und bei den Menschen, auch in ihren Zelten und Hütten. Das Heiligtum steht zu Ehren Gottes, um ihn und seinen Willen immer präsent und sichtbar zu machen. Es ist der Orientierungspunkt schlechthin, der die Blicke und die Herzen zu sich zieht, dessen sichtbare Gegenwart all die Gefühle erweckt oder verstärkt, welche ohnehin in der Existenz Gottes, seiner Schöpfung und seiner Weisung bereits latent vorhanden sind.

Wenn die Heiligtümer nachhaltig, bestimmt, klar und deutlich an Gott und seinen Willen, wie menschliches Leben zu gestalten sei, erinnern und ihre scheinenden Kuppeln, Minarette oder Türme die Menschen zu Frieden, Solidarität, Freiheit und Ebenbürtigkeit mahnen und ermutigen, dann ist jeder Preis, der für ihre Erbauung zu zahlen ist, gering und erschwinglich. Denn wenn der Bau wirklich und wahrhaftig zu Ehren Gottes und nicht für eine Institution oder zur Verherrlichung menschlicher Macht und Selbstverherrlichung stünde, dann könnte man sich Billionen und Billionen, die für Instrumente der Zerstörung und Bedrohung ausgegeben werden, sparen. Dann gäbe es genug, auch den Bedürftigen zu helfen und das Gold und die Edelsteine, die teuren Hölzer und wertvollen Quader wären eine der besten Investitionen, welche die Börse der Geschichte je gekannt hat.

Teruma, Exodus 25.1–27.19

In einer gewissen Stadt lebte einst ein weiser und gottesfürchtiger Mann. Er war mit den materiellen Dingen dieser Welt reich gesegnet und er galt weit und breit als der reichste Mann der Gegend. Dazu hatte er noch drei erwachsene Söhne, von denen zwei in eine ferne Stadt gezogen waren, um dort ihr Glück zu suchen. Der eine Bruder war erfolgreich und wurde wohlhabend, er heiratete und erfreute sich mehrerer Kinder. Dem anderen ging es leider bedeutend weniger gut. Nichts von dem, was er anpackte, gelang ihm und er verarmte. Schwer und einsam fristete er sein Leben. Viele Jahre vergingen seit der Zeit, da die beiden Brüder ihr Elternhaus verlassen hatten. Da schrieb ihnen ihr Vater einen Brief – er war an den älteren, erfolgreichen Bruder adressiert – in dem er sie einlud, zur Hochzeit ihres jüngsten Bruders nach Hause zu kommen. Unter anderen befand sich, wörtlich, der folgende Satz: „[…] Deshalb kehre nach Hause zurück, mein Sohn, und bringe deinen armen Bruder mit dir, sodass wir uns zusammen freuen können. Ich verspreche dir, all deine Ausgaben zu ersetzen, die du dir machen wirst, um das Gebot zu erfüllen: Ehre deinen Vater und deine Mutter!"

Sobald der wohlhabende Bruder den Brief gelesen hatte, begannen in seinem Haushalt fieberhafte Vorbereitungen. Kostbare Stoffe wurden angeschafft und ein kleines Heer von Schneidern und Näherinnen beschäftigt, um alle Familienmitglieder mit den feinsten und modischsten Kleidern auszurüsten. Ein neues Gespann edler Pferde und das dazu passende Zaumzeug wurden aus fremden Landen bestellt, die bequeme Kutsche aufpoliert, kompetente Fuhrleute angestellt. So kam der Tag der Abreise. Da erinnerte sich der wohlhabende Sohn plötzlich, dass er seinen armen Bruder noch gar nicht verständigt hatte. Sofort sandte er einige seiner Bedienten und befahl ihnen: „Lauft schnell und holt meinen Bruder! Bringt ihn her, so schnell ihr könnt und sagt ihm, es sei wichtig." Sofort liefen die Diener los und kehrten nach kurzer Zeit mit dem jüngeren Bruder zurück. Dieser war völlig verdutzt und atemlos. „Ich bin überrascht, dass du mich hast rufen lassen, mein Bruder", sagte er, „hast du dich doch bis jetzt nie für mich interessiert." – „Frag jetzt nicht so viel", antwortete ihm der reiche Bruder, „steig in die Kutsche und komm mit mir." Und so wie er da stand, in seinen alten, verschlissenen und geflickten Kleidern, wurde der arme Bruder in das Fahrzeug geschubst und so fuhren sie nach Hause.

Als sie vor des Vaters Haus ankamen, stiegen zuerst der ältere Bruder und seine Familie aus der Kutsche. Ihr Aussehen, das keinen Zweifel über ihren Wohlstand ließ, erregte die Bewunderung der gaffenden Menge. „Wer ist das?", fragte man auf allen Seiten. „Wisst ihr das nicht", kam die Antwort, „das ist der älteste Sohn des reichsten Mannes unserer Stadt, und auch der ist unbeschreiblich reich!" Als dann der jüngere

68

Bruder ausstieg wurde dieselbe Frage, aber im Ton der Verwunderung, gestellt. Die Verwandten, beschämt, antworteten: „Ach, das ist jemand aus der gleichen Stadt." – „Vielleicht ist er der andere Bruder oder sonst irgendein Verwandter!" Aber dazu erhielt man keine Antwort.

Also, was soll ich Ihnen weiter erzählen. Es war eine Hochzeit, die in die Legenden jener Stadt einging. Würde die Gemeinde noch bestehen, würde man vielleicht heute noch darüber sprechen. Der fast unüberschaubare Haufen der Geladenen wurde mit dem Besten und Kostbarsten bewirtet, an allen Ecken und Enden spielten ausgesuchte Kapellen, der Freude und dem Feiern schienen keine Grenzen gesetzt. Es war eine Hochzeit, wie sie in den Märchenbüchern beschrieben steht.

Zwei Wochen waren vergangen, seitdem die Brüder angekommen waren. Nun sprach der älteste Sohn zu seinem Vater: „Lieber Vater, du siehst ich habe alles getan, das du mir aufgetragen hattest. Wir kamen, um mit dir zu feiern und wir haben herrliche Tage hier verbracht. Aber du weißt, ich bin im Handel tätig und meine Zeit ist kostbar. So habe Verständnis, dass wir dich nun wieder verlassen müssen, um in unser Heim zurückzukehren." – „Tue, was du für richtig hältst", antwortete der Vater.

Schnell waren die Vorbereitungen zur Abreise getroffen und bald stand die Kutsche zur Abfahrt bereit. Der ältere, reiche Sohn war sehr verärgert, denn sein Vater hatte all diese Zeit keine Anstalten gemacht, ihm den Ersatz seiner sehr bedeutenden Unkosten auszuzahlen. Außerdem hatte er ihm versprochen, noch ein weiteres kostbares Geschenk dazuzugeben. Nicht ein Wort hatte der Vater darüber verloren, und der Sohn fand es unangenehm, ihn daran erinnern zu müssen. Er machte verschiedene Anspielungen, aber sein Vater schien sie nicht zu verstehen. Auf jeden Fall ging er in keiner Weise auf sie ein. Als der Moment der Abreise näherrückte, wusste sich der reiche Sohn keinen anderen Rat und er präsentierte seinem Vater eine detaillierte Aufstellung aller seiner Unkosten, bis zur letzten Stecknadel. „Ach, wie schön", reagiert der Vater, „ich freue mich, dass du dir das alles leisten kannst. Möget ihr, du und deine Familie, diese schönen Kleider gesund tragen." – „Darum geht es doch nicht, Vater", erwiderte etwas ärgerlich, etwas verlegen der Sohn, „du hast mir doch versprochen, mir all meine Auslagen für die Hochzeit zu ersetzen!"

Überrascht betrachtete der Vater seinen Sohn: „Solch ein Versprechen habe ich niemals gemacht!"

Ohne ein weiteres Wort zog der Sohn den ursprünglichen Brief seines Vaters aus der Tasche und schob ihn unter seines Vaters Nase. „Da steht es klar und deutlich in deiner eigenen Handschrift." Der Vater nahm den Brief und las laut, was er dort geschrieben hatte: „Ich verspreche dir, all deine Ausgaben zu ersetzen, die du dir machen wirst, um das Gebot zu erfüllen: Ehre deinen Vater und deine Mutter." – „Siehst du, da hast du's ja!", rief der Sohn aus.

Da erwiderte der Vater: „Verstehe, was ich dir geschrieben und versprochen habe. Hättest du mich wirklich ehren wollen, hättest du Mitleid und Mitgefühl für deinen Bruder gehabt; hättest ihn unterstützt und ihn gekleidet. Du hättest ihn nicht in armseligen Fetzen kommen lassen. So siehst du, die Ausgaben, welche du dir gemacht hast, waren für deine eigene, aber bestimmt nicht für meine Ehre. Und dafür habe ich nicht versprochen zu zahlen."

Im heutigen Wochenabschnitt lesen wir: Wenn dein Bruder – hier im Sinne von Mitmensch – neben dir verarmt und sich nicht mehr zu halten vermag, so sollst du ihn aufrecht halten.

Tezawe, Exodus 27.20–30.10

In meinen jüngeren Jahren, lange bevor ich mich intensiver mit theologischen Studien zu befassen begann, hatte ich ernsthafte Probleme mit Heiligen und Heiligkeit. Nicht soweit sich dieser Begriff auf das rein Göttliche bezieht, sondern was das Heilige menschlichen Ursprungs anbelangt. Natürlich kann ich nicht behaupten, irgendwann einem Heiligen begegnet zu sein. Und wenn dem vielleicht doch so gewesen sein mag, habe ich es nicht bewusst gemerkt. Ich traf die Heiligen nur in der Form von Skulpturen und Abbildungen, die mir in verschiedenen Gotteshäusern, Museen oder in Bilderbänden begegneten. Und diesen gegenüber muss ich mich zu Gefühlen der Ambivalenz, ja sogar des Unbehagens bekennen. Denn meistens wurden sie als erdentrückte, schwärmerische, blasse Wesen dargestellt. Die sanft und fromm gen Himmel gerichteten Augen in einem mit Heiligenschein gekrönten Gesicht, der oft nur rudimentär bekleidete Körper schwächlich, ausgemergelt und bar jedwelcher Andeutung von Sinnlichkeit, die unterwürfige, ergebene und zum Martyrium bereite Pose – all das befremdete mich und drängte mir die Frage auf, warum mir diese verehrten und ausgezeichneten Menschen so wenig vermitteln konnten. Sollten sie auch als beispielhaft gelten, schien mir der Sockel, auf dem sie meistens standen, Symbol ihrer Entrückung ins Unerreichbare zu sein, ein Hinweis darauf, dass eigentlich der gewöhnliche Sterbliche vergebens nach Heiligkeit strebt.

Nun erinnert mich meine Bibellektüre immer wieder, dass dieses Problem der Heiligkeit mich auch heute fortwährend weiter konfrontiert, und mich auch nimmer loslassen wird. In erschütternden Herausforderungen schleudert die Torah mir als Sohn Israels, als Glied des jüdischen Volkes, das göttliche Gebot entgegen: Sei heilig! Genau zitiert aus 3. Moses 19: „Und der Herr sprach zu Mose, sagend: Spreche zur ganzen Gemeinde der Kinder Israel und sage ihnen: Ihr sollt heilig sein, denn ich, der Herr, euer Gott, bin heilig."

Hier das Echo eines anderen biblischen Kernsatzes: „Ihr sollt mir sein ein Königreich von Priestern, ein heiliges Volk." Was wird, um Gottes Willen, hier von mir – von uns – erwartet?

Soll ich auf den Sockel steigen, der Welt, den Sinnen entsagen? Wie kann ich das unmöglich Denkbare wagen, mir Gottes Heiligkeit als Vorbild zu nehmen, die Heiligkeit, die seine unendliche Macht und Majestät, seine unbegreifbare Vollkommenheit in allem verkündet? Was gibt mir das Recht zur Vermessenheit und Arroganz, gleich ihm leben zu wollen, ihm in Barmherzigkeit und Gnade die Stange zu halten?

So lese ich also in der Torah weiter, ob mir dort ein Fingerzeig gegeben wird, was Heiligkeit für den Menschen bedeuten kann, eine Heiligkeit, die im Rahmen des Erreichbaren, Machbaren zu finden sei. Da finden sich eine Reihe ethischer Grundsätze und Anweisungen, die sich alle auf das Leben des Menschen in der Gesellschaft beziehen. Da steht geschrieben, nicht was Gott ist, sondern wie der Mensch sein Leben heiligen kann: Ehre die Eltern, stütze die Armen, Gebeugten und Bedürftigen, zahle prompt den richtigen Lohn für annehmbare Arbeitszeit, hüte dich vor böser Nachrede und Gehässigkeit, Rachsucht und Ungerechtigkeit. Sei ehrlich im Geschäft, engagiert in deinem Einsatz als Bürger deiner Gesellschaft, unterdrücke und übervorteile nicht den Schwächeren und den irgendwie Behinderten. Und über alles: Liebe deinen Nächsten, denn er ist wie du, liebe aber auch den Fremdling in deiner Mitte.

So wird uns klarer, was von uns eigentlich verlangt wird. Nicht das Unmögliche zu versuchen und wie Gott zu werden, sondern das Göttliche, das in uns als Menschen steckt, zu entwickeln und zum Tragen zu bringen. Inmitten des Lebens, mit all unseren Trieben und Instinkten kämpfend und ringend, uns selber meisternd, sind wir gerufen, der Liebe, der Gerechtigkeit, dem Frieden Bahn zu brechen. Indem wir uns gegen alles stemmen, was Unglück, Schmerz und Pein mit sich bringt und dem Mitmenschen Mitgefühl und Zuneigung entgegenbringen, heiligen wir das Leben in dieser Welt. Das bedingt rotblütige, einsatzbereite, dem Ringen nicht abholde Menschen, Menschen, die das Leben, die Welt und die Menschheit bejahen, Menschen, die mit Seele und Körper lieben können.

Während ich diese Zeilen an einem vollkommenen Frühlingsmorgen schreibe, singt vor meinem Fenster ein kleines Meischen und bezaubert mein Herz, und ich weiß: Heiligkeit ist auch in dieser Welt und für uns Menschen erreichbar.

———•——

Ki Tissa, Exodus 30.11–34.35

Vor einigen Tagen war ich wieder einmal, wie so oft, zu einem interkonfessionellen Gespräch engagiert. Da meldete sich ein Mann zu Wort und sagte mit zweifelsfreier Bestimmtheit und ohne jeden Anflug von Verlegenheit, wem - Christen, Moslems und Juden – was wann in der Zukunft geschehen würde. Ich wusste nicht, ob ich lachen oder weinen, mich ärgern oder mich einfach darüber hinwegsetzen sollte. Endlich fragte ich ihn, woher er das alles so genau wisse. Ohne mit der Wimper zu zucken oder nachzudenken, antwortete er: „Es ist das Wort des Himmels." Darauf ich: „Wir verlassen uns nicht auf eine himmlische Stimme." Das mag Ihnen ketzerisch vorkommen, es bezieht sich aber auf eine erstaunliche talmudische Legende:

Einmal, als die Meister der Lehre in einer wichtigen Auseinandersetzung über die Auslegung eines biblischen Gebots verwickelt waren, da geschah es, dass der berühmte Rabbi Elieser, dessen Meinung ja immer ernst genommen wurde und meistens durchdrang, sich nicht durchsetzen konnte. Er führte alle möglichen Argumente ins Feld, aber seine Kollegen wollten sich einfach nicht überzeugen lassen. Da rief Rabbi Elieser aus: „Wenn ich Recht habe, möge dieser Johannisbrotbaum dreihundert Schritte von seinem Platz wegrücken." Und wahrlich, der Baum rückte dreihundert Schritte von seinem Ort weg. Seine Kollegen aber zeigten sich nicht beeindruckt und sie sagten zu ihm: „Von einem Baum kann man keine Beweise lernen." Dann sagte Rabbi Elieser: „Soll dieser Fluss es bezeugen und rückwärts fließen." Und der Fluss floss rückwärts. Das aber half auch nichts, und die Weisen antworteten: „Wasser beweist auch nichts." Rabbi Elieser ging einen Schritt weiter: „Sollen die Wände des Lehrhauses den Beweis bringen." Die Wände des Lehrhauses bogen sich nach innen, als würden sie einfallen, aber Rabbi Jehoschua, ein ebenso berühmter Kontrahent Rabbi Eliesers, wies sie zurecht und sprach zu ihnen: „Was habt ihr damit zu tun, wenn die Weisen über die Gesetze der Gotteslehre disputieren?" Um Rabbi Jehoschua zu ehren, fielen die Wände nicht ein, aber um auch Rabbi Elieser nicht zu beschämen, kehrten sie auch nicht ganz zu ihrer ursprünglichen, senkrechten Stellung zurück. Rabbi Elieser rief nun noch stärkere Bataillone zu seiner Unterstützung: „Wenn ich Recht habe, sollen die Himmel es bezeugen." Da hörte man eine himmlische Stimme, die verkündete: „Was habt ihr gegen Rabbi Elieser? Das Gebot ist doch immer, wie er es auslegt!" Da stand Rabbi Jehoschua auf und zitierte einen Satz aus dem fünften Mosesbuch: „Es ist nicht im Himmel." Er bezog sich damit auf die Stelle, welche besagt, das Gebot sei weder im Himmel noch über dem Meere. Das Gotteswort ist uns sehr nah, da es in unseren Herzen und in unserem Munde ist. Rabbi Jehoschua meinte mit seiner Antwort einfach: Das Gesetz und die Gebote wurden uns schon am Sinai gegeben. Also hören wir nicht einmal auf eine himmlische Stimme, denn die Befugnis zur Entscheidung wurde dem Menschen übertragen.

Weiter erzählt die Legende: Als nun Rabbi Nathan den Propheten Elias traf, fragte er ihn, was Gott zur Stunde der Auseinandersetzung zwischen Rabbi Elieser und seinem Kollegen getan habe. Da antwortete Elias ihm: „Er lachte und sagte: ‚Meine Kinder haben mich besiegt.'"

Diese naive und gleichzeitig kühne Geschichte sagt etwas ganz Bedeutendes aus: Nach der Meinung unserer Weisen ist der Mensch selbst durch das Zeugnis eines Wunders oder durch die Intervention einer himmlischen Stimme nicht von der Verantwortung seiner eigenen Entscheidung befreit. Wenn er seinen Weg wählt, muss er immer sein Gewissen und sein Verständnis des Gotteswortes einschalten. Die Möglichkeit des Alibis, ein Wunder oder eine Stimme vom Himmel hätte ihn seiner persönlichen Verantwortung enthoben, wird ihm so entzogen.

Im 13. Kapitel des fünften Mosesbuches lesen wir folgenden bekannten Vers: „Wenn in deiner Mitte ein Prophet oder Träumer aufsteht und dir ein Zeichen oder Wunder ansagt und das Zeichen oder Wunder eintrifft, das er dir genannt hat, und er sprach: ‚Lasst uns anderen Göttern folgen, die ihr nicht kennt, und lasst uns ihnen dienen', so sollst du nicht auf die Worte jenes Propheten oder Träumers hören, denn der Herr, Eurer Gott, stellt euch auf die Probe, um zu erkennen, ob ihr den Herrn, euren Gott, von ganzem Herzen und von ganzer Seele liebt." Legende wie auch Bibelabschnitt sagen gleichermaßen, dass selbst die Aussage eines Wunders oder einer himmlischen Stimme, wirklich oder vermeintlich, der Prüfung durch Glaubensgrundsätze und den menschlichen Verstand unterworfen ist und nicht umgekehrt. Dies spricht dem Menschen eine überwältigende Verantwortung zu, wohl mehr als er in der Regel bereit ist anzunehmen.

Nicht wenige würden aufgrund des Verlaufes der Geschichte behaupten, der Mensch sei nicht willens, diese geforderte Verantwortung für seine eigenen Entscheidungen zu tragen, er sei dazu einfach nicht fähig. Er sei damit überfordert, da es ihm von seinem Wesen her an der notwendigen geistigen Ausrüstung mangelt, er zu sehr von seinen Trieben und Instinkten geleitet wird. Man kann aus dem Vollen schöpfen, wenn man Beweise für den anscheinenden Schwachsinn und die Leichtgläubigkeit der meisten Menschen zusammentragen wollte. Es bedarf nicht einmal echter Wunder, um Massen in Bewegung zu setzen, sie jauchzend, wenn nicht johlend, in diese oder jene Richtung marschieren zu lassen. Dazu reicht bereits die Illusion eines Wunders aus, wie man es bei jeder Wahl mit Erstaunen beobachten kann, ist selbst das Versprechen von Wundern bereits genug. Wäre dem nicht so, hätte unsere Geschichte einen anderen Verlauf genommen, wären die meisten Kriege nicht geschehen, würden die meisten Politiker und alle Tyrannen und Diktatoren nicht auf ihren Machtpositionen sitzen.

All dies mag wohl zu stimmen scheinen, und doch gibt es genügend Hinweise und Anzeichen, dass damit die letzte Wahrheit nicht ausgesprochen ist. Jedes Zeitalter kennt und kannte die Minderheit, welche sich nicht verführen ließ, Menschen, die durch Wissen und Gewissen, durch freie, eigenständige Entscheidung sich gegen den Strom zu stemmen versuchten, die furchtlos ihre Stimme erhoben und ihr Leben einsetzten, um die Wahrheit zu verkünden. Dass sie noch eine Minderheit sind, beweist zwar, dass das Alter der Vollkommenheit noch nicht angebrochen ist, aber es lehrt uns trotzdem, dass es potenziell dem Menschen doch möglich ist, die in ihn gesetzte Hoffnung zu erfüllen.

Das Erkennen der Möglichkeit, dass der Mensch noch wachsen kann, dass seine Geisteskräfte sich noch entfalten und verstärken können, ist ein Schutz gegen ein Absinken in Zynismus und Hoffnungslosigkeit. Was möglich ist, kann auch Wirklichkeit werden. Das Machbare kann zum Programm erhoben werden.

Denn wenn wir die Welt und die Menschheit einmal richtig betrachten, können wir erkennen, dass das größte Wunder der Schöpfung eigentlich der Mensch selbst ist. Deshalb steht in der Schöpfungsgeschichte geschrieben, dass Gott am sechsten Tag, an dem Schöpfungstag, an dem er den Menschen geschaffen hatte, sein Werk betrachtete und fand, es sei sehr gut und besser als alles andere, das er geschaffen hat. Und er sollte es ja eigentlich besser wissen als wir.

Wajakhel, Exodus 35.1–38.20

Die Frage nach der Gegenwart Gottes in den von Menschen zu seiner Ehre erbauten Tempeln und Gebetshäusern wurde bereits vom legendär weisen König Salomo gestellt. Gerade hatten seine Bauleute den herrlichen Tempel zu Jerusalem beendet und der Tag seiner Einweihung war angebrochen. Das Gotteshaus sollte nun seiner Funktion als „Wohnstätte Gottes" übergeben werden. Da entrang sich Salomo die Frage, die Menschen aller Zeiten, wie auch uns selbst, immer wieder beschäftigt: „Aber sollte Gott denn wirklich auf Erden wohnen? Siehe, der Himmel und aller Himmel Himmel mögen Dich nicht fassen, wie viel weniger dieses Haus, das ich Dir gebaut habe?"

Der Inhalt des Wochenabschnitts Wajakhel - es ist der vorletzte des zweiten Mosesbuchs – liefert den Anlaß dazu, uns wieder dieser Frage zu widmen. Er berichtet nämlich von der Errichtung des Stiftszeltes, das in der Wüste Sinai nach den Anweisungen Moses' erbaute, tragbare Heiligtum. Seit jener Zeit, wie auch schon vorher, wurden unzählige Gotteshäuser jeder Größe und der verschiedensten Ausstattungen errichtet, von den schlichtesten Gebetsstätten in Höhlen und Kellern bis zu den atemberaubenden Kunstbauten der großen Kathedralen und Tempel. Unzählige Menschen suchten in ihnen ihren Gott zu finden, um mit ihm Zwiesprache zu halten.

In dem Bewusstsein, dass ein Ort oder ein Bau ausschließlich dem Dienst an Gott geweiht ist, in der Atmosphäre friedlicher Ruhe, die begabte Architekten in Form und Symbolik ihrer Werke zum Ausdruck zu bringen wussten, fand der Mensch es oft leichter, als woanders die Gegenwart des Schöpfers zu empfinden. Aber bedeutet dieser Umstand, dass wir Gott wirklich einen Wohnort zuschreiben können? Sein Haus? Haben doch auch viele ihn gerade außerhalb fester Bauten, in der Einsamkeit der Natur, ja, auch im Moder und Gestank von Elendsvierteln gefunden.

Im ersten Buch der Könige befindet sich ein eindrucksvoller Vers, der uns vielleicht den Anfang einer Antwort gibt. An jenem Ort steht geschrieben: „Und es erging an Salomo das Wort des Herrn. Was dieses Haus betrifft, das du da baust, so wisse: Wenn du in meinen Satzungen wandelst und nach meinen Rechten tust [...], so werde ich inmitten Israels wohnen und ich werde mein Volk nicht verlassen."

Es darf wohl angenommen werden, dass hier der König stellvertretend für das ganze Volk angesprochen wird. Ein noch so gottesfürchtiger, gehorsamer König inmitten eines sündhaften Volkes könnte kaum die Gegenwart Gottes gewährleisten! Da muss er schon in seiner Verhaltensart die Einstellung seiner „Untertanen" widerspiegeln. Es sticht ins Auge, dass gerade die Gegenwart Gottes nicht ohne die Erfüllung von Vorbedingungen zu erwarten ist. Des Weiteren ist bemerkenswert, dass die Gegenleistung Gottes nur verspricht, er werde inmitten des Volkes wohnen, nicht aber spezifisch im Tempel, dessen Bau ja eigentlich der Anlass dieser Anrede war. Wieder einmal verspüren wir hier die notwendige Wechselseitigkeit des Bündnisses Gottes mit Israel: „Ihr sollt mir zum Volk sein und ich werde euer Gott sein." Erweitert auf die Beziehung des Menschen allgemein zu Gott, dem Schöpfer alles Seins, sollte man dies folgendermaßen lesen: Ihr sollt mir Kinder sein und auf meinen Wegen wandeln, und ich werde euer Gott sein.

Der vorher zitierte Satz bedient sich im Zusammenhang mit der Erfüllung der Gebote dreier Verben: wandeln, tun und halten. Das Wandeln, das Gehen deutet auf Dynamik und Fortschritt hin. Um dieses zu erzielen, sind wir gehalten, unseren Geist und unseren Intellekt ins Spiel zu bringen, uns in die Suche nach Gottes Willen in unserer aktuellen Situation zu vertiefen. Die gewonnenen Einsichten dürfen nicht nur Theorie und Literatur, schöne Worte in Schrift und Sprache, bleiben. Sie müssen auch zur Tat führen, denn erst im Handeln liegt die Frucht des Gedankens.

Bleibt noch das dritte Verbum: halten. Es ist, in der hebräischen Ursprache der Bibel, dasselbe Wort, das auch auf das Schabbatgesetz angewandt wird: Halte den Schabbattag, ihn zu heiligen. Der Auftrag ‚halten‘ bedeutet, dass religiöse Riten und Vorschriften, die von unseren Vorvätern überlieferten Traditionen eines religiösen Lebensstils, auch Instrumente sind. Solange religiöse Übungen, Riten und Symbolik im Bewusstsein des ihnen zu Grunde liegenden Geistes gehalten werden, dienen sie als Mahnung, Wegweiser und Erziehung zugleich.

Zusammenfassend: Der Geist, die Tat und das religiöse Leben im Dienst der Erfüllung der göttlichen Gebote sind Mittel zur Schaffung einer Wirklichkeit, die uns das Gefühl der Gegenwart Gottes in unserer Gesellschaft schenken können. Unter diesen Umständen wäre es dann selbstverständlich, dass wir gerade an den Orten und in den Bauten, die wir für seinen Dienst errichtet haben, seine Präsenz besonders verspüren, gerade so, als wären wir in seinem Haus.

וַיִּקְרָא Wajikra – Levitikus

Wajikra, Levitikus 1.1–5.26

An diesem Schabbat beginnen wir in den Synagogen im Rahmen des Jahreszyklus der Torahwochenabschnitte mit dem Lesen des dritten Mosesbuches, Levitikus. In der rabbinischen Literatur trägt dieses Buch auch den Namen Torat Kohanim, die Lehre der Priester. In diesem Namen spiegelt sich die Tatsache wider, dass in diesem Teil der Bibel hauptsächlich Dinge zur Sprache kommen, die in das Wirkungsgebiet der Priesterschaft gehören, obwohl die damit verbundenen Riten, Vorschriften und Mahnungen zur Reinheit und Heiligkeit später, zumindest teilweise, von allen Juden als verbindlich angenommen wurden. Dies in Ableitung des bekannten Bibelwortes: „Seid mir ein Königreich von Priestern, ein heiliges Volk."

Der erste Teil dieses Buches befasst sich vorwiegend mit detaillierten Anweisungen in Bezug auf den Opferkult. Die Art der Tier-, Speise- und Trankopfer sowie die mit ihnen verbundenen Riten sind in genauen Einzelheiten niedergelegt, somit bleibt nichts der Willkür der jeweils amtierenden Priester überlassen. Selbstredend ist auch die von den Priestern erwartete moralische Lebenshaltung und gottorientierte Geistesverfassung nicht zu übersehen, denn die Opfer waren nicht nur religiöse Pflicht, sondern auch Gottesdienst. Anwendung fanden diese Vorschriften bereits während der Wüstenwanderung der Kinder Israel. Der Opferkult in seinen Einzelheiten wurde später, nach der Sesshaftwerdung im Lande Kanaan, von den verschiedenen Heiligtümern und hohen Plätzen übernommen und danach im Tempel zu Jerusalem eingeführt. Nur während des babylonischen Exils, im 6. Jahrhundert vor der modernen Zeitrechnung, nach der Zerstörung des ersten salomonischen Tempels und vor der Errichtung des Nachfolgebaus wurde der Opferkult ausgesetzt. Er fand endgültig mit der Zerstörung Jerusalems und der Brandschatzung des zweiten Tempels durch die Römer im Jahre 70 der modernen Zeitrechnung sein Ende.

In der jüdischen Literatur wird des Opferkults auch heute noch mit Respekt gedacht. Nicht nur der Verlust des zentralen Heiligtums schmerzt über die Generationen hinweg noch immer. Pietät und Hochschätzung der Überlieferungen der Ahnen heischen verständnisvolles Einfühlen in die religiösen Ausdrucksweisen der Vergangenheit. Öfters bezieht man sich von außen etwas herablassend auf diesen Umstand und will damit zum Ausdruck bringen, man selbst habe solch primitive Ideen bereits abgelegt und sei deshalb über das Niveau des Judentums hinausgewachsen.

Da das Judentum bahnbrechend in der Entwicklung des opferlosen Gottesdienstes wirkte, braucht man seine Emanzipation aus der Phase des Opferkults nicht weiter unter Beweis zu stellen. Die liturgischen Hinweise auf den Tempelkult vergangener Tage und deren Verknüpfung mit Ausdrücken der Hoffnung auf eine zukünftige

Restauration beinhalten unausgesprochen das Vertrauen, dass sich in der eschatologischen Zukunft, für die ja der Wiederaufbau des Tempels erwartet wird, die Art des dann angebrachten Gottesdienstes schon erweisen wird.

Man sollte sich vor Augen halten, dass zu biblischen Zeiten ein Gottesdienst ohne Tieropfer noch gar nicht denkbar war. Im Raum des gesamten Nahen und Mittleren Ostens war es einfach so üblich. Unsere Denkweisen auf die Vergangenheit zurückzuprojizieren, um diese zu beurteilen, ist einfach nicht zulässig. Man muss die Vergangenheit aus der Denkweise der damaligen Zeit heraus bewerten. Und darin hatte der Opferkult seinen festen, allgemein anerkannten Platz. Der Fortschritt des israelitischen Opferkultes bestand allemal darin, dass er allen heidnischen Elementen entsagte und insbesondere das Menschenopfer auf das Entschiedenste ablehnte und bekämpfte. Dazu kommt noch die Tatsache, dass den Opfern nicht nur religiöse, sondern auch eine klar erkennbare wirtschaftliche Bedeutung zukam.

Die amtierenden Priester und Hilfspriester waren nicht nur Kultusbeauftragte. Sie hatten viel weiter gefasste gesellschaftliche Aufgaben, die sie hauptamtlich zu erfüllen hatten. So war es ihnen anvertraut, das Gesundheitswesen zu überwachen, die Armen zu versorgen, die Waisen zu erziehen, Recht zu sprechen, und vieles mehr. Aus diesem Grund war ihnen der Landbesitz und damit die Möglichkeit, sich von eigenem Boden selbst zu ernähren, verwehrt. Sie lebten von den Opfern, die dargebracht wurden, und von denen ja zum Großteil nur die als Speise unbrauchbaren Teile verbrannt wurden. Heute würden wir sagen: Sie lebten von Steuereinkünften. Und eigentlich ist dieser Vergleich doch gar nicht abwegig. Schließlich leben wir heutzutage in einem noch viel komplizierteren Wirtschaftssystem, in dem die öffentlichen Diener unserer Gesellschaft von einem Teil der Früchte unserer Arbeit existieren: Beamte werden aus Steuern bezahlt. Auch heute werden Tiere geschlachtet und verzehrt, nur verschleiert das Zahlungsmittel Geld, das sich zwischen die Transaktionen schiebt, die Verhältnisse. Und was vielleicht noch bedeutender ist: Damals sahen sowohl Geber wie Empfänger das Ganze als Gottesdienst. Als was sehen wir es? Also, sind wir so viel weiter?

Noch etwas ist zu diesem Thema zu sagen. Oft wird behauptet, die Propheten Israels hätten sich gegen den Opferkult gestellt. Zitate, die in diese Richtung weisen, gibt es viele, besonders die wohlbekannte Stelle im ersten Kapitel des Buchs Jesaja: „‚Was soll ich mit der Menge eurer Schlachtopfer?‘, spricht der Herr. ‚Satt habe ich das Brandopfer von Widdern und das Fett der Mastkälber, und das Blut der Stiere und Lämmer und Böcke mag ich nicht.‘" Man vergisst oder übersieht zu oft das Gesamtbild der prophetischen religiösen Anschauungen. Denn weiter sprach Jesaja: „Tut hinweg eure bösen Taten, mir aus den Augen! Höret auf, Böses zu tun! Trachtet nach Recht, weiset in Schranken den Gewalttätigen; helfet der Waise zum Rechte, führt die Sache der Witwe." Es ging den Propheten allemal um die den Opfern entsprechende ethische Geisteshaltung und um den moralischen, gottgefälligen Lebenswandel. Nicht gegen die Opfer waren die Propheten, sondern gegen jeden Gottesdienst, der sich auf ein leeres Ritual beschränkt oder, schlimmer noch, Hand in Hand geht mit moralischer Verkommenheit.

Mögen wir aus der Zeit des Opferkultes auch herausgewachsen sein, uns auf eine höhere Ebene des Gottesdienst begeben haben, vieles können wir trotzdem noch von unseren Vorfahren der damaligen Zeit lernen.

Zaw, Levitikus 6.1–8.36

„Siehe das Brot des Elends! Das haben unsere Väter in Ägypten gegessen. Jeder, der Hunger hat, soll kommen und essen. Jeder, der bedürftig ist, soll kommen und Pessach feiern. Dieses Jahr hier, kommendes Jahr in Israel. Dieses Jahr Sklaven, kommendes Jahr Freie."

Diese Worte des Liedes „Ha lachma anja" stehen im Mittelpunkt der häuslichen Feier, mit der in allen jüdischen Heimen das Pessachfest eingeleitet wird. Trotz ihrer Kürze drücken sie genauestens die geistige Einstellung aus, mit der dieser Abend angegangen werden soll. „In jeder Generation ist der Mensch verpflichtet, sich so zu betrachten, als wäre er selbst aus Ägypten ausgezogen." Ein weiterer Satz der Haggadah, dies ist das Buch, welches die Gebetsordnung dieses Abends enthält, bringt den gleichen Gedanken zum Ausdruck: „Nicht nur unsere Vorväter alleine hat der Heilige, gepriesen sei er, erlöst, sondern auch uns hat er mit ihnen erlöst, denn so steht es in der heiligen Schrift geschrieben: ‚Uns aber führte er von dannen heraus, um uns hierher zu bringen und uns das Land zu geben, das er unseren Vätern zugeschworen hatte.'" So beginnt dann auch die Antwort auf die Fragen der Jüngsten der Anwesenden, worin eigentlich diese Nacht sich von allen anderen Nächten unterscheide, mit den bedeutungsvollen Worten: „Wir waren Sklaven dem Pharao in Ägypten." Mit solch einer Vergegenwärtigung einer lange vergangenen geschichtlichen Episode ändert, oder vielmehr vertieft sich das Wesen des Festes. Mehr als nur eine Festzeit, die an die Befreiung der Kinder Israel aus der ägyptischen Knechtschaft vor nahezu dreieinhalbtausend Jahren erinnert, wird Pessach zum Fest der Freiheit schlechthin: Die Freiheit aller Menschen zu jeder Zeit. Und da, wo diese Freiheit noch nicht besteht, bringt Pessach das Versprechen, dass des Menschen Hoffnung und Traum von der Erlösung in die ihm zustehende Freiheit keine Illusion ist. Die Geschichte des Exodus aus Ägypten steht als Modell und Garant dafür.

Kein geschichtliches Ereignis kann sich im Bewusstsein eines Volkes lebendig erhalten, wenn es nicht allgemeine Werte und Wahrheiten vermittelt, auf Ideale hinweist oder zeitgenössische Probleme und Bedürfnisse anspricht. Der Auszug des israelitischen Sklavenhaufens ist in den meisten Geschichtsbüchern mit nur wenigen Worten oder überhaupt nicht vermerkt. Da gibt es viel wichtigere Ereignisse. Imperien kamen und fielen, große und mächtige Völker erschienen auf der Bühne der Geschichte und traten wieder von ihr ab, der Mensch flog zum Mond und schickte Sonden bis zu den Planeten. Und doch konnte keines dieser bestimmt nicht belanglosen Ereignisse ein so nachhaltiges Echo bei irgendeinem Volk finden wie der Auszug aus Ägypten bei den Juden. Das ist doch bemerkenswert. Mit Dank und Freude sieht sich ein weltweit verstreutes Volk angehalten, sich im Geist Jahrtausende zurückzuversetzen, um die Empfindung eines geschichtlichen Ereignisses nachzuvollziehen, als wären es persönliche Erfahrungen.

Worin liegt das Geheimnis dieses Festes, dass es sich so tief im religiösen und nationalen Bewusstsein der Juden verankern konnte, sozusagen Symbol wurde für all das Auf und Ab ihrer historischen Erfahrung? Welche universelle Lehre entdeckte das Judentum in diesem Geschehen, um sie immer wieder vorzuleben und zu verkünden? Universell, weil die Ermahnung des Festes heißt: In jeder Generation ist jeder Mensch – jeder Mensch, nicht nur jeder Jude – verpflichtet, sich so zu betrachten, als wäre er selbst aus Ägypten ausgezogen.

Ein Teil der Antwort auf diese Frage liegt wahrscheinlich in dem Hinweis auf die erlösende Hand Gottes. In all seinen Bewertungen geschichtlicher Erinnerung stellt der Jude das Walten der göttlichen Macht immer in die Mitte. Aber dies ist der Fall auch im Zusammenhang mit anderen Festen und Gedenktagen, ohne dass diese die Popularität, Anziehungskraft und Dauerhaftigkeit von Pessach erlangt hätten. Da muss noch etwas anderes mitspielen. Etwas, das es vermag, ungebunden von Ort und Zeit, die Saiten der menschlichen Seele zum Erklingen zu bringen; etwas, das uns die Überzeugung verleiht, die Hoffnung auf Erlösung liege im Bereich des Machbaren. Dieses Etwas ist, dass Pessach das Fest der Freiheit ist: wie einer seiner Namen ja auch besagt: S'man Cherutenu – die Zeit unserer Freiheit.

Freiheit! Dieses Wort, dieser Begriff hat unzählige Herzen höher schlagen lassen, hat unübersehbare Massen gegen Tyrannei und Unterdrückung in Bewegung gesetzt. Er entspricht des Menschen tiefstem Sehnen, denn nur, wenn er frei ist, wahrlich frei, ist er Ebenbild Gottes, und im wahrsten und besten Sinne des Ausdrucks Diener seines Schöpfers. Frei zu sein in Körper und Geist, ist der Gipfel menschlichen Strebens und Hoffens. Aber gerade weil der Begriff Freiheit solche Macht hat, Menschen zu bewegen und zu motivieren, wird er wie alle Ideale oft entstellt, verzerrt und missbraucht. Wir brauchen uns nur daran zu erinnern, dass über dem Einfahrtstor des Vernichtungslagers Auschwitz die Parole angebracht war: „Arbeit macht frei."

Es war einmal in der Vergangenheit, da die Gesellschaftsstruktur noch viel einfacher und deshalb überschaubarer war, da konnte man leichter als heute Kriterien der Freiheit aufstellen. Dem ist schon lange nicht mehr so. Es ist in unserer Welt gar nicht mehr so leicht zu beurteilen, wer wirklich frei ist und wer nicht. Nicht jede Knechtschaft muss durch Ketten, Peitschen und Stacheldraht gekennzeichnet sein. Man hat inzwischen verfeinerte Arten der sklavischen Abhängigkeit entwickelt, die dem Einzelnen in subtiler Weise vorgaukeln, er sei frei, wenn er es gar nicht ist.

Es ist ein schleichender Vorgang, der zu fortschreitender Entmündigung und Bevormundung führt. Immer mehr werden dem Menschen lebenswichtige Entscheidungen aus der Hand genommen. Von außen her wird für ihn geplant, programmiert und entschieden. Er darf nur noch dafür bezahlen, meistens auch das unfreiwillig. Seien wir doch einmal ehrlich mit uns selbst! Fühlen wir uns wirklich noch frei? Tun wir das Gute, weil wir das Gute tun wollen oder weil man uns vorschreibt, das Gute zu tun, wobei man uns gleich vorkaut, was das Gute sein muss. Der Mensch, der zur Nummer wird, ist nicht mehr frei, auch wenn ihn das Surren der Computer hypnotisch einschläfert.

Um uns daran zu erinnern, dass die Freiheit des Menschen unabdingbares Recht ist, für das er sich einsetzen und kämpfen muss, lesen wir jedes Jahr wieder die Geschichte aus der ägyptischen Knechtschaft, und zwar so, als wäre sie auf uns selbst bezogen. An den einfachen, klaren Linien der Ereignisse von damals können wir unsere eigene Lage und die uns daraus erwachsenden Pflichten und Aufgaben prüfen. Die Frage nach dem wahren Wesen der Freiheit wird uns immer neu gestellt und wir dürfen ihr nicht ausweichen. Es wird uns zu verstehen gegeben, dass Freiheit unteilbar ist, das Gut jedes einzelnen Menschen auf dem Angesicht der Erde. Deshalb verlangt das Pessachfest von uns, uns so zu sehen, als hätten wir die Erfahrung der bitteren Knechtschaft selbst empfunden. Es lehrt uns aber auch, dass einmal wahr werden wird, was wir heute Abend hoffentlich sagen werden: „Dieses Jahr Sklaven, das nächste Jahr freie Menschen."

Zaw, Levitikus 6.1–8.36

Der bestimmte Artikel erfüllt in der Sprache eine wichtige Funktion. Besonders wenn er, wie im Deutschen, zwischen männlich, weiblich und sächlich unterscheidet. So ist es kaum überraschend, dass er auch in der Theologie eine bedeutende Rolle spielen kann. ‚Der Gute' ist etwas ganz anderes als ‚das Gute', und ‚der Böse' gibt uns andere Probleme auf als ‚das Böse'. Mit letztem möchte ich mich heute befassen, hat doch ein jüdischer Feiertag, den wir im Laufe der vergangenen Woche gefeiert haben, uns mit diesen Fragen konfrontiert.

Es handelt sich um das Purimfest, das Fest der Lose, welches an die im biblischen Buch Esther beschriebenen Ereignisse erinnert. Dort wird von einem versuchten Anschlag gegen die Juden des persischen Reiches erzählt, der nur in letzter Minute durch die mutige Intervention der Königin Esther abgewendet werden konnte. Der Bösewicht der Geschichte, ein erster Minister namens Haman, empfing seine gerechte Strafe und fiel selbst in die Grube, die er anderen gegraben hatte, und das hieß in diesem Fall, dass er an demselben Galgen aufgehängt wurde, an welchem er Mordechai, den Onkel und Pflegevater Esthers und Wohltäter des Königs, hatte aufhängen wollen. Wahrscheinlich ist vielen von Ihnen bekannt, dass Purim als ein fröhliches Fest freudig und in einer ausgelassenen Karnevalsatmosphäre begangen wird. Doch ist kaum zu übersehen, dass es im Grunde genommen Anlass zu ernsten Betrachtungen gibt, denn die aufgeworfene Problematik ist universell und immerwährend. Obwohl die Ereignisse der damaligen Zeit ein gutes Ende fanden und wir uns heute noch ob der Rettung der jüdischen Gemeinde jener Jahre freuen und Dank zollen, ist die Geschichte Esthers beispielhaft für Vorkommnisse, die sich vielerorts und zu allen Zeiten wiederholen. Deshalb die andauernde Bedeutung der Frage: Wogegen verpflichtet uns die Ethik der Bibel zu kämpfen, gegen den Bösen oder gegen das Böse? Oder sind beide identisch?

Während der öffentlichen Vorlesung des Buches Esther kann man einen außergewöhnlichen, in einer Synagoge wohl unerwarteten Brauch beobachten. Immer, wenn der Name Hamans genannt wird, bricht ein Riesengetöse in der Gemeinde aus. Besonders die Kinder lassen einen ohrenbetäubenden Radau los: mit Ratschen, Topfdeckeln, Pfeifen oder, in Ermangelung eines Instruments, durch Füßestampfen auf dem Boden. Da kommt es auch nicht selten vor, dass man grauhaarige Opas dabei erwischt wie sie lustig mitmischen. Nun ist es ein Irrtum anzunehmen, es handele sich hier um einen Ausdruck des Unmuts gegen den Verschwörer Haman. Noch weniger ist es ein Frohlocken über seinen Fall und sein böses Ende am Galgen, denn steht nicht im Buch der Sprüche geschrieben: ‚Frohlocke nicht ob des Falls deines Feindes!'?

Nein, dieser Brauch hat einen ganz anderen Ursprung. Im 25. Kapitel des fünften Mosesbuches lesen wir folgenden Absatz: „Gedenke, was dir Amalek getan auf dem Wege, als ihr aus Ägypten zogt. Wie er dir auf dem Weg entgegentrat und alle deine ermatteten Nachzügler abfing, während du matt und müde warst, und er Gott nicht fürchtete. Und wenn nun der Ewige, dein Gott, dir Ruhe gewährt vor allen deinen Feinden ringsum, in dem Lande, das der Ewige, dein Gott, dir als Erbe zu Besitz gibt, dann sollst du das Andenken Amaleks auslöschen unter dem Himmel – vergiss es nicht!" Nun wird Haman im Buch Esther als Agagiter bezeichnet, und Agag war, nach dem Buch Samuel, ein König der Amalekiter. Man kam deshalb zu dem Schluss, Haman sei ein Nachkomme der ehemaligen Amalekiter gewesen und deshalb trifft auf ihn das Gebot zu: Du sollst sein Andenken auslöschen, was hier symbolisch durch die Übertönung seines Namens geschieht.

Wir kennen andere Traditionen, nach denen der Name Hamans auf Stückchen Papier geschrieben wird, und jedes Mal wenn er genannt wird, wird die Inschrift ausradiert. Eine andere Tradition lässt seinen Namen auf zwei Steine schreiben. Diese werden dann so lange aufeinander geschlagen, bis die Schrift abgewetzt und verschwunden ist.

Es ist bemerkenswert, dass der vorher angeführte Passus gegen die Amalekiter einen scheinbaren Widerspruch enthält. Auf der einen Seite wird gefordert, die Untaten Amaleks nicht zu vergessen. Sachor – gedenke! Und doch heißt es weiter, man solle das Andenken Amaleks auslöschen. Wie soll man sich an etwas erinnern, dessen Andenken ausgelöscht ist? Das ist doch ein klarer Hinweis, dass es hier um viel mehr als um die Amalekiter als Stamm oder Volk geht. Es muss Kennern der Bibel ja nicht gesagt werden, dass es sich nicht um Nachtragen und Rache handeln kann, da diese ausdrücklich verboten sind. Also nicht gegen den Bösen – in diesem Fall Amalek – sondern gegen das Böse, die Eigenschaften und Taten, die hier von Amalek verkörpert werden, gilt es anzutreten. Amalek steht hier stellvertretend für jedes Verhalten von Menschen, das feige und hinterhältig die Schwächen der Mitmenschen ausnutzt, um diese auszurauben, zu verknechten oder sogar auszurotten. Die Bibel setzt sich so konsequent für die Rechte der Unterprivilegierten ein, dass es nicht überrascht, dort die Handlungsweise der Amalekiter in schärfsten Worten verurteilt zu finden. Sie hatten den offenen Angriff gescheut und sich wie Hyänen an die erschöpften und wehrlosen Nachzügler gemacht. Viel tiefer kann man schon nicht mehr sinken. Solange es dieses Böse im Herzen von Menschen gibt, und dies sich in der Praxis der zwischenmenschlichen Beziehungen niederschlägt, kann das Ringen gegen Amalek nicht ruhen. Man muss es sich immerwährend vor Augen halten. Aber das Endziel ist das Auslöschen dieses Gedenkens. Sollte die Zeit kommen – und wir glauben, dass sie kommen wird – da die niederträchtige, sprich: amalekitische Handlungsweise aus dem Katalog der gesellschaftlichen Erfahrungen gestrichen sein wird, dann wird das Andenken Amaleks ausgelöscht sein.

Das Böse und der Böse stehen insofern in Beziehung, als der Mensch Träger und Instrument der sündigen Triebe ist. Das Böse zeigt sich durch sein Tun, und so erscheinen der Böse und das Böse nach außen hin identisch. Der Unterschied liegt darin, dass es dem Menschen gegeben ist, sich vom Bösen loszusagen. Indem er sich ihm als Instrument verweigert, beraubt er das Böse der Kraft wirksam zu werden und damit seiner Existenz in der Praxis. Da, wo folkloristisches Brauchtum die Erinnerung an amalekitisches Verhalten durch Lärm und Radau verdecken will, hat der Mensch in der Wirklichkeit seines tagtäglichen Lebens die Möglichkeit des stilleren, aber wirksameren Weges das Böse zu besiegen: er kann sich von ihm abwenden. Denn so steht es im Buch des Propheten Ezekiel geschrieben: „So spricht Gott, der Herr: ich habe nicht Gefallen am Tode des Gottlosen, sondern daran, dass sich der Gottlose von seinem Wandel bekehre und am Leben bleibe."

Schemini, Levitikus 9.1–11.47

Am Fuße eines großen, kahlen Berges lag eine kleine Stadt, deren Einwohner allesamt Brummbären waren. Nie waren sie mit etwas zufrieden und nichts machte sie jemals glücklich. Die einen beklagten sich, dass niemals Besucher in die Stadt kamen, keine Karawane dort Halt machte und kein vorbeiziehender Händler dort seine Waren feilbot. Andere wieder jammerten, die Stadt besäße keine schönen Gebäude, Plätze oder Straßen. Dann gab es jene, die Faulen unter ihnen, die etwas dagegen hatten, dass es keine Reichen in der Stadt gäbe und sie immer und unendlich für ihren Unterhalt arbeiten müssten. Ich kann Ihnen gar nicht alle Variationen der Klagen und Beschwerden erzählen, denn sonst käme ich nicht zum wesentlichen Teil meiner Geschichte. Hier genügt es anzuführen, dass selbst die Kinder immer unzufrieden waren und auch sie sich nicht zu einem freudigen Lächeln durchringen konnten. Dabei war es doch eigentlich gar nicht so schlimm. Die Wiesen und Felder am Fuß des Berges waren frisch und grün während mehrerer Monate im Jahr und im Winter schien der Berg im reinen Kleid des jungfräulichen Schnees. Natürlich passierte nicht viel in der Stadt und wenn es auch keine reichen Leute gab, so waren auch keine besonders armen und bedürftigen Menschen anzufinden. Aber die, die immer nur nörgeln, haben keine Zeit, solche Dinge zu verzeichnen.

An einem schwül-feuchten Sommertag, an dem die Leute der Stadt noch fauler als gewöhnlich waren, kam ein sonderbarer Besucher in die Stadt. Es war früh am Abend, die Hitze hatte begonnen nachzulassen, und der hohe, kahle Berg erglühte tief rosa im Glanz der sinkenden Sonne. Der Fremde schritt wortlos bis in die Mitte des Marktplatzes, blieb stehen, öffnete weit seine Arme und rief mit wohlklingender Stimme: „Kommt herbei, ihr Bewohner dieser herrlichen Stadt. Der Berg scheint wie Gold und eure Minarette und Türme glühen in der Abendsonne. Alles ist in Schönheit gebadet, aber ihr seid nicht glücklich. Kommt zu mir und ich werde euch Glückseligkeit verkaufen."

Die Leute blickten verwundert auf diesen komischen Mann. Dann fingen sie an, laut zu lachen und ihr Lachen wuchs und wuchs, denn der Mann war in Lumpen gekleidet und außer einem Seil, das er um seine Mitte geschlungen hatte, und einem großen Korb, den er auf seiner Schulter trug, hatte er nichts vorzuweisen. „Kommt und kauft Glückseligkeit, kommt, ich verkaufe billig!" – „Wenn's billig ist, wirst du gut verkaufen", rief Achmed der Schuster, „setz nur deinen Korb ab und zeig uns deine Ware." Damit sprang der Korb, wie von selbst, von der Schulter des Fremden, drehte sich wie ein Kreisel und stellte sich auf den Kopf. Dann wickelte der Fremde das Seil von seiner Mitte. Er schleuderte ein Ende in Richtung eines in der Nähe stehenden Pfahles, und wie von alleine, wand es sich darum und saß fest. Gleichermaßen verfuhr er mit dem zweiten Ende und dasselbe geschah. „Komische Vorstellung", raunte die Menge, und einer rief dem Besucher zu: „Was soll das bedeuten?" – „Es bedeutet, der Laden ist offen, der Verkauf kann beginnen." – „Und wo ist deine Ware?", tönte es von mehreren Seiten, denn nichts, aber gar nichts war zu sehen. „Ihr werdet sie liefern", lachte dieser und nahm seinen Korb, richtete ihn auf und öffnete seinen Deckel. „Nun, jeder, der sich unglücklich glaubt, bringe seine Sorgen, seine Enttäuschung, seine Schwierigkeit oder seine Plage; ich werde sie ihm für Glücksgefühl eintauschen!" Zu Anfang rührte sich keiner von seinem Platz. Verlegen schauten sie einander an, zuckten mit den Schultern, tippten sich mit dem Zeigefinger an die Stirn. Doch das Angebot war zu verlockend und bald kam einer, dann ein anderer, dann mehrere, und bald wurde es zur Flut: Ein jeder brachte sein Unglück und legte es in den Korb. Bald schien dieser ganz voll zu sein, doch blieb immer noch genug Platz für ein weiteres Ding. Am Ende war da kein Mann und keine Frau – ja, auch nicht einmal ein Kind – welche nicht etwas in den Korb gelegt hatten.

Der Fremde näherte sich dem Korb. Ein zufriedenes Lächeln umspielte seinen freundlichen Mund. Er verbeugte sich in alle Richtungen und ein jeder der Anwesenden glaubte, der Blick seiner sanften, doch bemerkenswert durchdringenden Augen sei persönlich auf ihn gerichtet. Ein tiefes Schweigen herrschte auf dem Marktplatz und jedermanns Auge war auf den Korb gerichtet. „Nun merkt auf", rief der Mann mit schallender Stimme. Er nahm den Korb, als wäre er voller Federn und hob ihn auf das Seil. Dort stand der Korb ganz still wie ein Seiltänzer vor seinem ersten Schritt. Plötzlich begann er, das Seil entlang zu rollen, derweilen alle Sorgen und Beschwerden, die in ihn hineingestopft waren, herausfielen und sich an das Seil hängten. So hingen sie alle da, nicht ein Ding fehlte. Da war Mustafas hölzernes Bein, Achmeds rheumatische Schulter, die leeren Taschen Suleimans, Großmutter Suleikas schmerzender Zahn sowie Fatimas zerrissener Rock. Jeder Anlass zu Unglück und Unzufriedenheit hing an dem Seil.

„Nun hört mir gut zu, liebe Leute", rief der Fremde, „der Tag neigt sich schnell seinem Ende zu und ich muss euch bald verlassen. Ich versprach euch, euer Unglück für Glück einzutauschen. Es ist eine leichte Sache. Ein jeder von euch nehme von der Leine das, was ihm als das geringste Unglück erscheint." Ein Riesenandrang um das Seil war die Folge seiner Worte. Ein jeder wollte der erste sein und sich das geringste Übel aussuchen. Und siehe da, ein jeder fand, dass seine eigene Beschwerde die leichteste war, dass die Probleme der anderen schwerer wogen als seine eigenen. Und in wenigen Sekunden war die Leine leer.

„Hat jeder von euch sich die kleinste Sorge genommen?", fragte der Fremde. „Ja", kam der Chor der Antworten zurück. „Jawohl", schrie Ali, als er sich sein falsches rotes Haar wieder auf die Glatze setzte. „Dann bleibt zufrieden, ihr Bewohner der Stadt der untergehenden Sonne", rief der sonderbare Besucher mit seiner wohlklingenden hellen Stimme, „kommt, mein treuer Korb und mein fleißiges Seil!" Damit wand sich das Seil um seine Mitte und der Korb sprang auf seine Schulter.

„Lebt wohl und seid zufrieden", rief er zurück, als er über den Marktplatz schritt. Die Leute der Stadt verfolgten seinen Weg mit ihren Augen, bis er die Spitze des Berges, die noch leicht golden im Nachglühen des Tages leuchtete, erreichte. Noch einmal wandte er sich um, winkte, und dann war er verschwunden.

Letzte Berichte aus jener Stadt wissen zu erzählen, dass ihre Bürger immer noch glücklich sind.

Kedoschim, Levitikus 19.1-20.27

Im Rahmen des Zyklus der Wochenabschnitte, die wir im Laufe des Jahres aus der Torah lesen, befinden wir uns zu dieser Jahreszeit inmitten des Buches Levitikus, des dritten Buches Moses. Aus der darin angefundenen Ebene der Opfer-, Ritual- und Reinheitsvorschriften ragt das 19. Kapitel wie ein hoch in den Himmel ragendes Bergmassiv hervor. Seine erhabenen Zinnen sind eine Reihe hervorragender ethischer Maximen, die von dem Gipfel des Gebotes der Nächstenliebe im 18. Vers gekrönt werden: „We'ahavta lere'acha kamocha. - Du sollst deinen Nächsten lieben wie dich selbst."

Bei vielen uninformierten oder unbelehrbaren Geistern außerhalb des Judentums spukt noch immer die Meinung herum, dieses Gebot der Nächstenliebe sei eine Entdeckung des Christentums, das damit den jüdischen Glauben in seiner harten, unbeugsamen Gerechtigkeit überflügelt habe. Es überrascht und erstaunt sie, feststellen zu müssen, dass gerade dieses Gebot im Mittelpunkt jüdischer Glaubenslehre steht. So wurde es auch von Rabbi Akiba als ein fundamentales Prinzip der Torah charakterisiert, und Hillel, wie auch viele andere jüdische Lehrer, stellen es in unterschiedlichen Formulierungen, in das Zentrum ihrer ethischen Lehre. Aufgefordert, die Lehre der Torah zusammenzufassen, erklärte Hillel sinngemäß: „Was du nicht willst, dass man dir tu', das füg' auch keinem andren zu."

Die Feststellung des jüdischen Ursprungs des Gebots der Nächstenliebe bedeutet keineswegs, dass es nicht auch christliche Lehre sein kann. Gerade hier zeigt sich die gemeinsame Wurzel und das gemeinsame ethische Substrat der beiden Religionen am klarsten. Stellt doch auch Jesus von Nazareth das Gebot der Nächstenliebe – zusammen mit der auch jedem Juden geläufigen Forderung, Gott zu lieben – als den Kern des Glaubens dar. In keiner seiner Aussagen zeigt sich Jesus jüdischer als in gerade dieser. Hier sprach ganz und gar der gläubige, torahtreue Jude zu seinesgleichen.

Es gibt dann auch solche, die zwar konzidieren, dass das Gebot der Nächstenliebe bereits in der Torah Israels zu finden ist, die jedoch behaupten, in der Praxis des Judentums hätte diese Vorschrift nur Anwendung innerhalb der Volksgemeinschaft gefunden – unter Ausgrenzung aller Nicht-Israeliten.

Auch diese Meinung kann nicht bestehen. Schon eine genauere Betrachtung des hebräischen Textes widerspricht dieser These, denn das Wort „re'a" wird anderswo in der Torah auf die Ägypter bezogen (Exodus 11.2), die mit aller Fantasie nicht zu den israelitischen Volksgenossen zu zählen sind. Im bereits angeführten Kapitel des dritten Mosesbuches, in den Versen 34 und 35, lesen wir nämlich: „Wenn ein Fremdling bei dir wohnt in eurem Lande, so sollt ihr ihn nicht bedrücken. Wie ein Einheimischer aus eurer eigenen Mitte soll euch der Fremdling gelten, der bei euch wohnt, und du sollst ihn lieben wie dich selbst – seid ihr doch Fremdlinge gewesen im Lande Ägypten: ich bin der Herr, euer Gott." Die Formulierung selbst widerlegt den manchmal vorgetragenen Einwand bei dem Fremden – „ger" im Hebräischen – handele es sich nur um den sesshaften Fremdling, der mit allen Rechten in der Gesellschaft ausgestattet war. Hier wird der Begriff „ger" gleichermaßen auf die Israeliten in Ägypten angewandt, und diese waren bestimmt nichts anderes dort als entrechtete, unterdrückte und verhasste Sklaven. Dieser Umstand gibt einem Parallelsatz (Exodus 23.9) besonderes Gewicht. Dort heißt es: „Einen Fremdling sollst du nicht bedrücken. Ihr wisst, wie dem Fremdling zumute ist, seid ihr doch auch Fremdlinge gewesen im Land Ägypten."

Nicht nur aus der Textanalyse ergibt sich eine Universalität des Gebotes der Nächstenliebe im Verständnis des Judentums. Als, wie oben bereits angeführt, Rabbi Akiba dieses Gebot als ein Kardinalprinzip des Judentums bezeichnete, ergänzte Ben Assai, diese Forderung der Tora sei im Lichte der Schöpfungsgeschichte zu lesen, wobei er sich auf Genesis 5.1 bezog: „Dies ist das Verzeichnis der Nachkommen Adams: Als Gott den Menschen erschuf, machte er ihn Gott ähnlich." Der Hinweis auf die Gottähnlichkeit des Menschen schlechthin, gekoppelt mit der in der Schöpfungsgeschichte sowie in der Sintfluterzählung implizierten Abstammung aller Menschen von einem Urmenschenpaar, zeigt klar auf, dass unser Nächster jeder Mensch ist, der in unser Blick- und Handlungsfeld gerät.

Damit sind die durch das Gebot der Nächstenliebe gestellten Probleme noch keineswegs ausgeräumt. Die Frage nach dem Wesen, dem Ausmaß und dem Objekt dieser umfangreichen Forderung bleibt nach wie vor bestehen. Hält man sich vor Augen, wie schwer es einem fällt, schon den Begriff Liebe zufriedenstellend zu definieren, dann versteht man auch, wieviel schwieriger es ist, mit der Nächstenliebe fertig zu werden, zumal dieses Gebot auch unser eigenes Selbstverständnis miteinbezieht, indem es verlangt: „Du sollst den Nächsten lieben wie dich selbst!" Wie ich zu mir selbst stehe und wie ich mich selbst sehe oder liebe, sind gar keine so leichten Fragen.

Vielleicht kann es uns dabei hilfreich sein, eine modernere Übersetzung des Gebotes der Nächstenliebe an die Hand zu nehmen. Dort wird nämlich das hebräische Wort „kamocha" als „er ist wie du" wiedergegeben. „Liebe deine Nächsten, denn er ist wie du." Was hier zum Ausdruck kommt, liegt ganz auf der Linie der Aussage von Ben Assai. Der Nächste ist ein Mensch wie wir, uns gleich in Wert und in Würde, uns gleich im Ursprung und durch den Stempel der Gottähnlichkeit in seinem Menschsein. Nicht in seinen Eigenschaften, Fähigkeiten, Charakterzügen, in Hautfarbe oder Besitz ist er uns gleich, sondern als Mensch in der Schöpfung Gottes ist er uns gleichgestellt und es wird von uns verlangt, dass wir ihn so erkennen und behandeln.

Emor, Leviticus 21.1–24.23

Ich weiß nicht, ob es Ihnen auch so geht wie mir, wenn man über den Begriff Religion oder über Religiosität spricht. Ist das Gespräch abstrakt und wissenschaftlich, so komme ich ganz gut mit der Bedeutung dieser Ausdrücke zurecht. Ist die Unterhaltung aber subjektiv, spricht man über die Religiosität von Einzelnen oder von Gruppen von Menschen, dann beginne ich mich unwohl zu fühlen, denn es ist mir nicht immer klar, was eigentlich ausgesagt werden soll. Ich tue mich gleichermaßen schwer, wenn Parteien sich als „religiös" bezeichnen, denn ich sehe mich dann immer wieder vor die fast unlösbare Frage gestellt, wie man diesen so oft missbrauchten Begriff anzuwenden und zu verstehen hat. Denn was macht einen Menschen „religiös"? Doch nicht der Umstand, dass er es von sich selbst behauptet. Denn man könnte argumentieren, die notwendige Bescheidenheit und die Erkenntnis der eigenen Schwächen und Sündhaftigkeit würden es dem wahrhaft religiösen Menschen verwehren, sich selbst als „religiös" zu beschreiben. Demgemäß wäre ein jeder, der dies von sich behauptet, automatisch nicht religiös, und dies ist dann allemal auch wieder zu simpel.

Es ist auch nicht viel anders, und das passiert mir öfters, wenn ein Mensch sich als „nicht religiös" vorstellt. Eine beträchtliche Anzahl der Besucher in meinem Büro beginnen die Unterhaltung mit der Erklärung: „Ich bin eigentlich nicht religiös, aber … " und erst dann wird das Thema angesprochen, mit dem sie eigentlich zu mir gekommen sind. Meistens trügt der Schein der Bescheidenheit, denn schnell wird offensichtlich, dass ihre Absicht darin besteht, die Behandlung des Anliegens auf den Boden der Bürokratie oder des normalen Verkehrs mit einer Amtsperson und so weit entfernt wie möglich von ethischen und moralischen Gesichtspunkten –zu stellen. Damit will ich nicht verneinen, dass es auch vorkommt, dass die Einsicht in die eigene Ferne von jeder religiösen Einstellung den Besucher dazu führt, sich zu seiner Irreligiosität zu bekennen. Solch ein Bekenntnis lasse ich meistens nicht auf sich beruhen. Ich hake nach: „Was meinen sie damit? Hassen Sie Ihre Mitmenschen? Sind Sie ein Mörder oder ein eingefleischter Lügner? Tun Sie nicht auch manchmal etwas Gutes?" Die Leute pflegen mich verdutzt anzuschauen, schweigen längere Zeit und wissen nicht, was meine Fragen bedeuten sollen. Dann kommt in der einen oder anderen

Form sinngemäß die Antwort: „Ja, das wohl nicht, aber ich gehe selten in die Synagoge, ich halte die Speisegesetze nicht und ich fahre am Schabbat Auto." Da haben wir es also! Die Äußerlichkeiten entscheiden für sie über Religiosität oder Irreligiosität. Das Ritual ist ausschlaggebend, nicht der Glauben, nicht die Moralität und nicht das zwischenmenschliche Verhalten.

Nun sind all diese Aspekte Teil des „Religiösseins"; rituelles Brauchtum ergänzt und bestärkt die umfassende Lebensführung im Geiste der biblischen Vorschriften, es ist aber für sich allein genommen nicht die Gesamtsumme der Religiosität. Folgende Geschichte illustriert diesen Punkt:

Im alten Russland der Zaren lebte einst ein jüdischer Kaufmann, dem es gelungen war, sehr reich zu werden, denn er erlangte den einträglichen Vertrag, die örtlichen Kasernen mit Lebensmitteln zu versorgen. Wie viele Leute seiner Art war er zwar ein guter Geschäftsmann, aber kein großer Kenner der heiligen Schrift und der Vorschriften der Religion. Trotzdem kannte seine Frömmigkeit keine Grenzen. Während der zehn Bußtage vor dem großen Versöhnungstag ging er jede Nacht in die Synagoge, um die S'lichotgebete, die Gebete zum Bekennen der Sünden und Bitten um Vergebung, zu verrichten. Obwohl er von den hebräischen Texten keine blasse Ahnung hatte, betete er mit viel Inbrunst und mit noch mehr Radau. Doch die späten Nächte und die Anstrengungen des Betens bekamen ihm gar nicht wohl und nach der dritten Nacht ging er zum Rabbi und bekannte mit einem tiefen Seufzer: „Es ist schwer für mich, so spät auf zu sein, ich bin es einfach nicht gewöhnt."

Der Rabbi lachte laut und sprach: „Mein lieber Freund, du hast ja Geschäftsverbindungen mit der kaiserlichen Armee und deshalb wirst du leicht verstehen, was ich dir sagen werde. Du weißt, dass die Armee in verschiedene Gattungen eingeteilt ist. Da gibt es Infanterie, Kavallerie, Artillerie, Pioniere usw. Der Soldat einer jeden Einheit hat seine besondere Pflicht. Nun frage ich dich, was würde geschehen, wenn ein Infanterist von seiner Einheit desertieren würde, um in der Kavallerie zu dienen? Oder ein Artillerist in der Flotte? Sie würden vor ein Kriegsgericht gestellt, nicht wahr?

„Ganz bestimmt", antwortete der Geschäftsmann, „das wäre ein grober Bruch der Disziplin! Aber Rabbi, was hat das mit meinem Fall zu tun?" Milde antwortete der Rabbi: „Wisse, mein Freund, die Soldaten des Herrn sind auch in verschiedene Gattungen eingeteilt. Die, welche sich mit der Torah befassen, sind seine Artillerie, die, welche gute Taten verrichten seine Kavallerie, andere, die ihre Mitmenschen großzügig unterstützen, sind seine Infanterie usw. Du kannst am besten in den Bataillonen der Großzügigkeit dienen und deshalb bist du ein Infanterist des Herrn. Deine Aufgabe ist es, den Armen zu helfen, die Witwen und Waisen zu unterhalten und dich der armen Gelehrten anzunehmen. Nach allen Regeln der Disziplin deiner Einheit müsstest du jetzt im Bett liegen und ruhig schlafen. Anstelle dessen finde ich dich hier bei den Artilleristen – den Torahgelehrten. Du bist ein Deserteur. Du gehörst nicht hierher, mein Freund. Ich rate dir, eile schnell zurück zu deinem eigenen Regiment, bevor der liebe Herrgott, der Oberkommandeur, herausfindet, dass du nicht auf deinem Posten bist!"

Eigentlich sollte ich – und mit mir vielleicht jeder Pfarrer und Pastor – jedem Besucher vor dem Betreten unserer Büros diese Geschichte als Pflichtlektüre vorschreiben.

Behar, Levitikus 25.1–26.2

Die Kunst des Betens. Tiefe, erwartungsvolle und spannungsgeladene Stille hatte sich im Betsaal verbreitet. Die zahlreichen Anwesenden harrten auf den Beginn des Gebetes. Es war der Vorabend des Versöhnungstages, wohl der Höhepunkt des jüdischen liturgischen Jahres. In der Synagoge des Baal Schem Tov waren die Gläubigen versammelt, um unter der Leitung des Meisters ihre Sünden zu bekennen und um sich mit Gott und Mensch zu versöhnen. Alle wussten, die Stunde des Gebetes war angebrochen und sie warteten auf das Zeichen des Rabbis, dass die Tore des Gebets für sie offen standen.

Tief in seinem Gebetsmantel versunken, saß der Baal Schem Tov regungslos auf seinem Sitz an der Ostwand. Kein Zeichen zum Beginn kam. Erst Verwunderung, dann wachsende Ungeduld verbreiteten sich in der Gemeinde. Einige der Ältesten näherten sich respektvoll dem Meister und wiesen darauf hin, dass die Stunde des Gebetes doch bereits gekommen sei und man um Erlaubnis bitte, den Gottesdienst zu beginnen. „Die Tore des Gebets sind uns noch verschlossen", sprach leise der Meister und versank wieder in seine nachdenkliche Stille. Die Zeit verging und die Ungeduld wuchs, doch immer noch kam kein Zeichen zur Freigabe des Gebetes. Und wieder näherten sich die Führer der Gemeinde dem Sitz des weisen Meisters und wieder empfingen sie die gleiche Antwort wie zuvor. Der eine oder andere sollte bemerkt haben, dass Tränen das Gesicht des Baal Schem Tov benetzten. Nun verbreitete sich Angst und Unruhe unter den Wartenden. Was war die Bedeutung dieser Verzögerung? Sollten ihnen Trost und Vergebung versagt bleiben, war ein schreckliches Schicksal im

Anzug? Warum schwieg der geliebte und hochgeachtete Meister, der seine Herde doch so sehr liebte, ihr immer Halt und Hoffnung gab?

Durch die kleine Nebentür der Synagoge schlich sich ein junger Mann in die hinterste Reihe der Beter. Unwirsch und ärgerlich blickten einige auf ihn. In rauer und verschmutzter Tracht des Schäfers gekleidet, entsprach der Spätankömmling gar nicht den Vorstellungen der biederen Gemeindemitglieder davon, wie man gerade zu diesem Anlass in der Synagoge vor Gott erscheinen sollte. Sie wussten ja nicht, dass der einfache und ungebildete Schäferjunge nach einem verloren gegangenen Lamm suchen musste und deshalb nicht rechtzeitig zum Gebet erscheinen konnte. Etliche Zeit passierte gar nichts. Dann zog der Schäfer plötzlich seine Hirtenflöte aus seinem Pelzumhang und setzte sie an seine Lippen. Eine reine und liebliche Melodie füllte den ganzen Raum. Empört wandten sich die um den Schäfer stehenden Männer diesem zu und als sie sich von ihrem Schock ob dieser unglaublichen Entweihung der Heiligkeit des Anlasses erholt hatten, versuchten sie, ihm Einhalt zu gebieten.

Möglicherweise hätten sie auch Hand an ihn gelegt, aber in diesem Moment erhob sich der Baal Schem Tov von seinem Sitz und mit einem Blick der Begeisterung und der Freude, der alle umfasste, doch besonders auf den Schäfer gerichtet war, rief er aus: „Er hat uns die Tore des Himmels für unsere Gebete geöffnet. Lasst uns beten!"

Über einen anderen Anlass wird berichtet: Einmal war der Meister schwer erkrankt und in der Gemeinde wurde verfügt, alle sollten fasten, um die Genesung des geliebten Rabbis zu erbitten. Zur Zeit, da sie im Betsaal in Andacht versunken waren, ging der Säufer des Dörfchens in die Kneipe und ergötzte sich an einem Schnaps. Ein anderer Jude ertappte ihn dabei und wies ihn zurecht. Da ging der Säufer heiter in die Synagoge und betete: „Lieber Gott, bitte heile unseren Rabbi, dass ich in Ruhe wieder meinen Schnaps trinken kann." Der Rabbi wurde wieder gesund und man erachtete es als ein Wunder. Und so erklärt es der Rabbi: „Möge der liebe Gott unseren Säufer erhalten bis 120 Jahre! Sein Gebet wurde von Gott erhört und eures nicht, denn er legte wahrlich sein ganzes Herz und seine ganze Seele in sein Gebet!"

Behar, Levitikus 25.1–26.2

Vor wenigen Tagen, gerade als ich begann, mir über diese Ansprache einige Gedanken zu machen, ging ich durch eine Unterführung, die in einer der Großstädte Europas von der U-Bahn zu den Bahnsteigen des Hauptbahnhofs führte. Wie die meisten im wühlenden Passantenstrom, war ich hauptsächlich darauf bedacht, so schnell wie möglich an mein Ziel zu gelangen und dabei Zusammenstößen mit Pfeilern und Mitmenschen aus dem Weg zu gehen. Plötzlich schlug mir der durchdringende Laut einer etwas ungekonnt gespielten Klarinette ans Ohr. Die Melodie war die eines wohlbekannten und einfachen Kinderlieds, die sofort Jugenderinnerungen in mir wachrief. Ich schaute mich nach der Quelle dieser Laute um und sah dort, am Rande des sich vorbeizwängenden Menschenstroms, eine alte Frau auf einem dürftigen Schemel hocken, mit verbissenem Gesicht und absoluter Konzentration eine Klarinette bearbeitend. Aufgrund ihrer Spielweise war es ziemlich deutlich, dass sie sich diese einfachen Melodien mühsam beigebracht hatte, um durch sie den Mitmenschen milde Gaben zu entlocken. Diese Begegnung stimmte mich nachdenklich und auch etwas traurig. Welche Zwänge oder Armut bewogen diese alte Frau zu versuchen, auf diese Weise einige Münzen in ihrem zerbeulten Schächtelchen zu sammeln? War sie von den Menschen des Wohlfahrtsstaates zufällig nicht erfasst worden oder war sie das Opfer irgendeines Paragraphen oder eines kleinen Bürokraten?

Vielleicht war es gar nicht materielle Not, sondern Einsamkeit, die sie dorthin trieb. Haben wir die Armut wirklich gemeistert? Ich erinnerte mich an den Spruch eines Bekannten, ein bisschen Philosoph, aber mit den Gütern dieser Welt nicht gerade im Übermaß gesegnet. Er pflegte zu sagen. „Heute bin ich reich, und eines Tages werde ich vielleicht auch etwas Geld haben." Ja, man kann Armut und Reichtum aus vielen Gesichtswinkeln betrachten. Wie so vieles andere sind auch sie relativ.

In unserer Zeit und Gesellschaft haben wir die Verantwortung für die Armen mit unseren Steuern und Sozialabgaben an den Staat weitergegeben. Wir glauben, uns damit der Notwendigkeit entledigt zu haben, uns verantwortungsbewusst mit den Verhältnissen auseinanderzusetzen. Damit aber haben wir den Nächsten auch „entbrüdert"; er ist nur mehr der Arme neben uns, nicht mehr, im Sinne der Bibel, „der Bruder, der neben uns verarmt." Es mag wohl sein, dass wir im Bereich des Materiellen die Armut weitgehend geschlagen haben. Aber haben wir eben gerade durch diese „Entbrüderung", wie ich diese Entwicklung eben bezeichnete, nicht eine neue Art von Armut geschaffen? Folgende Geschichte illustriert, was brüderliches Miteinander bedeuten sollte.

Vor vielen Jahren lebten zwei Brüder an den Hängen eines schönen Hügels im Lande Kanaan. Der eine, verheiratet und mit vielen Kindern gesegnet, bebaute seine fruchtbaren Felder auf der Ostseite des Hügels. Sein Bruder, ledig und alleine, hatte sein Häuschen inmitten ebenso guter Felder auf den westlichen Hängen. Eines Jahres, da Gott seine volle Güte über das Land ausgeschüttet und es mit einer guten Ernte gesegnet hatte, gingen beide Brüder eines Nachts im stillen Licht des Mondes in ihre Felder, um Gott für seine Güte und Gnade zu danken. Auf der Ostseite stand der verheiratete Bruder inmitten der reichen Garben und dachte: „Wie gut ist doch Gott zu mir. Warum hat er mich so reich gesegnet wie meinen Bruder? Ich habe schon Frau und Kinder, aber er ist noch alleine. Wie viele Jahre wird er noch arbeiten müssen und wie viele Ernten werden noch nötig sein, bis er, so wie ich, inmitten einer liebenden Familie leben kann? Ich brauche diese ganze reiche Ernte nicht. Wenn mein Bruder schlafen wird, werde ich von meinen Garben auf sein Feld tragen und er wird niemals merken, was ich getan habe."

Zur gleichen Zeit wanderte sein unverheirateter Bruder auf der Westseite gemäch-lich zwischen seinen Garben und sann: „Gepriesen sei Gott für seine Güte. Aber hätte er doch mehr für meinen Bruder getan als für mich! Ich brauche wenig und er benö-tigt mehr als ich. Ich habe nur an mich alleine zu denken, er aber hat auch Frau und Kinder zu ernähren. Sie sollen auch meine Habe teilen. Heute Nacht, wenn mein Bruder schläft, werde ich Garben von meinem Feld auf das seine tragen und morgen wird er nicht wissen, was ich getan habe." So warteten beide Brüder bis Mitternacht, glücklich in ihren Gedanken und Absichten. Dann lud jeder auf seiner Seite des Hügels so viele Garben wie er nur tragen konnte auf seinen Rücken und wandte seine Schritte dem Gipfel zu. Der eine ging dem Westen zu, der andere ostwärts. Auf der Höhe trafen sich die Brüder. Jeder verstand sofort, was der andere beabsichtigt hatte. Sie umarmten sich in Liebe und Freude.

Und es war, als Gott das Treffen der Brüder auf dem Hügel sah, dass er sich ent-schloss, dass eines Tages auf diesem Hügel eine Stadt gebaut und ihr Name Jerusalem sein würde, die Stadt des Friedens.

Bechukotaj, Levitikus 26.3–27.34

Was hat eigentlich eine Waage in einer Synagoge zu suchen? Ich meine nicht eine dieser modernen, elektronischen unpersönlichen Maschinen, mit welchen wir uns in den Supermärkten konfrontiert sehen. Nein, ich spreche von einer ganz einfachen Waage, so wie sie auf den alten Markplätzen gang und gäbe waren: ein waagerechter Stab an einem Handgriff, von dem zwei blankpolierte Schalen baumelten, so wie in einem Krämerladen. Ein Fremder, der in die Synagoge des Städtchens S. kommt, würde sich wohl wundern, warum solch eine Waage, schön und sauber in einem Glaskasten aufbewahrt, prominent im Vorraum zur Synagoge aufgestellt steht. Die Leute der Stadt jedoch kennen den Grund. Denn es wird erzählt, dass diese Waage einmal die Stadt vor sicherer Zerstörung bewahrt hatte.

Vor sehr, sehr langer Zeit fiel einmal eine schwere Dürre über das Land. Tag auf Tag, Woche auf Woche brannte eine heiße Sonne erbarmungslos vom Himmel. Die Brunnen trockneten aus, Mensch und Tier dursteten, die Felder vertrockneten und trugen keine Ernte, und Hunger peinigte die Bewohner des Landes. Epidemien brachen aus und die Menschen begannen in immer größerer Zahl zu sterben.

Die Juden der Stadt kamen zu ihrem ehrwürdigen Rabbi, um Rettung zu suchen. Dieser tat, was jeder fromme Mann tun würde. Er betete und betete und betete, Tag und Nacht. Er verordnete Fasttage zweimal die Woche, jeden Montag und Donnerstag, wie es der Brauch für solch einen Fall verlangt. Und er ordnete an, dass die Wohlhabenderen den Armen Almosen geben sollten. Aber nichts geschah, gar nichts!

Einmal, inmitten der Dunkelheit der frühesten Morgenstunden, als der Rabbi tief versunken in seinen Gebeten über seinen Büchern saß, hörte er, wie in einem Traum, eine Stimme: „Deine Gebete werden nichts bringen. Nur ein Mann in dieser Stadt kann helfen: Kalman, der Gewürzhändler. Versammle alle Juden der Stadt in der Synagoge und lass' Kalman die Gemeinde im Gebet führen." Der Rabbi erwachte und entschied, es sei alles nur ein Traum gewesen. Zwar hatte er Kalman ein- oder zweimal in der Synagoge gesehen, aber er war ein ungebildeter Mensch, der nicht einmal gut lesen konnte, und man sagte, er sei auch öfters zänkisch und grob zu seinen Kindern. Nein, den Kalman könnte Gott bestimmt nicht als Sprecher der Gemeinde wünschen.

Und der Rabbi kehrte mit doppelter Hingabe zu seinen Gebeten zurück. In der nächsten Nacht hörte er die Stimme wieder im Traum: „Warum fährst du in deinen Gebeten fort, weißt du doch, dass nur Kalman, der Gewürzhändler, helfen kann!" Dieses Mal handelte der Rabbi. Er rief die Ältesten der Gemeinde zusammen und wies sie an, alle Mitglieder der Gemeinde, Männer, Frauen und Kinder, in der Synagoge zu versammeln. Als sie alle gekommen waren, stand der greise Rabbi von seinem Sitz auf und ging zu Kalman, der ganz hinten in den letzten Reihen seinen Platz eingenommen hatte. „Kalman, geh' zum Pult und führe die Gemeinde im Gebet." Ein erregtes Geflüster und Getuschel brach in der Gemeinde aus: „Warum Kalman? Ausgerechnet Kalman. Gibt es unter uns keine gelehrteren Männer, welche diese Ehre eher verdienen? Warum wählt der Rabbi einen Krämer, der nicht mal richtig lesen kann?" Nun, dies war auch Kalmans Einwand, aber der Rabbi befahl: „Dann lese die Gebete, die du kennst. Jetzt geh' und tue, was ich dir sage." Aber Kalman, anstelle zu gehorchen, nahm wortlos seinen Gebetsschal von seinen Schultern, legte ihn auf seinen Sitz und verließ wortlos den Betraum. „Was sollen wir jetzt unternehmen", wandten sich die Anwesenden an ihren Rabbi, „siehst du, wie ungezogen und respektlos dieser Mann ist? Trotz deiner Bitte verlässt er die Synagoge. Er wird wahrscheinlich gar nicht zurückkehren!" – „Wir werden eine halbe Stunde warten, und dann werden wir sehen", verkündete der Rabbi.

Aber wenige Minuten später kehrte Kalman zurück. Hoch erhoben trug er in seiner rechten Hand die Waage aus seinem Laden. „Will er die Synagoge oder den Rabbi wiegen?", spotteten einige hinter vorgehaltener Hand. Nun stand Kalman am Vorbeterpult, die Waage immer noch hochhaltend. „Herr der Welt", begann er zu sprechen, „Du weißt doch, ich bin ein einfacher und ungebildeter Mensch. Mein ganzes Leben habe ich schwer gearbeitet. Ich bin arm und konnte nur wenig für die Bedürftigen geben. Oft war ich mit anderen Menschen ungeduldig und benutzte starke Worte. Aber mein ganzes Leben war ich ehrlich und diese Waage sei Zeuge meiner Ehrlichkeit. Niemals habe ich jemanden betrogen. Ich hielt meine Waage sauber und korrekt. So, Herr der Welt, wenn ich nichts Böses getan habe und diese Waage ehrlich ist, dann flehe ich dich an, lasse sofort Regen fallen, auf dass wir nicht untergehen." Der Gewürzhändler beendete sein befremdendes Gebet. In der Synagoge herrschte Totenstille. Plötzlich erschütterte ein starker Windstoß die Fenster des Gotteshauses. Die Himmel verfinsterten sich und wenige Minuten später fielen die ersten, schweren Regentropfen auf das Dach der Synagoge. Die Stadt war gerettet.

Wochen vergingen und der Rabbi fuhr fort sich zu wundern, wieso es gerade Kalman, dem Krämer, vergönnt gewesen war, Gott zu erweichen. Vielleicht besaß er eine ehrliche Waage. Aber es musste doch noch andere gute Menschen in der Stadt geben! Über die Monate hinweg lernte der Rabbi die Wahrheit kennen. Einer nach dem anderen kamen die Händler und Kaufleute der Stadt, um - im Vertrauen, versteht sich – zuzugeben, dass sie vielleicht nicht immer ehrlich gehandelt hatten. Nichts Absichtliches, natürlich; man hatte nur nicht erkannt, wie nötig es sei, die Waagen zu prüfen. Man hatte natürlich niemanden betrügen wollen, aber manchmal war es vielleicht doch vorgekommen. Da ordnete der Rabbi an, dass die Waage des Krämers Kalman im Vorraum der Synagoge aufgestellt werden solle; eine Ermahnung an alle Juden der Stadt, sich immer daran zu erinnern, wie gefährlich auch sogenannte „kleine" Vergehen sein können.

———•◦•———

בְּמִדְבַּר

Bamidbar – Numeri

Bemidbar, Numeri 1.1–4.20

Schlimm ist es um den Menschen bestellt, wenn man von ihm sagen kann, er sei nur eine Nummer. Aber gerade als das fühlt sich heutzutage manch einer von uns, wenn er sich mit einem besonders unverständlichen Dokument, bedeckt mit unzähligen futuristischen und befremdend eckigen Ziffern, konfrontiert sieht.

An und für sich sind Zahlen und Nummern notwendig und nützlich. Wahrscheinlich haben die ältesten Generationen der primitivsten Menschen noch vor der Erfindung des Rades und der Entdeckung des Feuers den Begriff des Zählens erfasst. Ohne Nummern wäre keine bedeutungsvolle Sprache, keine Zivilisation denkbar. Problematisch wird es aber, wenn der Mensch über seine eigenen Erfindungen die Kontrolle verliert und sie, die eigentlich ihm dienen sollten, ihn zu beherrschen drohen.

Solche Gedanken wurden vom Inhalt und von der Benennung des heutigen Wochenabschnitt ausgelöst. An diesem Schabbat beginnen wir nämlich das vierte Buch Moses zu lesen, das zwar im Hebräischen Bemidbar, also: In der Wüste, genannt wird, aber dem des Hebräischen nicht Kundigen besser als das Buch Numeri, das Buch der Zahlen, bekannt ist. Diese Benennung ist leicht erklärbar, erzählen doch die ersten Kapitel dieses Buches von der Zählung, dem Zensus, der Kinder Israel in der Wüste Sinai. In genauesten Einzelheiten wird die Anzahl aller waffentragenden Männer von über 20 Jahren in jedem Stamm registriert, und es wird berichtet, dass man zusammengezählt über 600.000 Angehörige dieser Kategorie vorfand. Das heißt, dass laut der Bibel damals etwa 1,5 Millionen Israeliten und Anhänger durch die Wüste zogen, da man ja zu den kriegsfähigen Männern noch die Frauen und Kinder, sowie den Stamm Levi, der getrennt registriert wurde, dazuzählen muss. Eine verblüffende Zahl, wenn man bedenkt, dass in unserer Zeit, seit der Räumung der israelischen Siedlungen, die Halbinsel Sinai nur wenigen tausend Beduinen ein karges Auskommen bietet. Oder wenn man bedenkt, dass diese Zahl an Menschen nicht weit entfernt ist von der Einwohnerzahl Groß-Münchens. Es überrascht dann auch nicht, dass es angesichts der damit verbundenen logistischen Probleme notwendig wurde zu wissen, wie viele Seelen diese wohl fast unübersehbare Heerschar umfasste.

Für uns ist es jedoch von besonderem Interesse zu bemerken, dass diese, wie auch andere Volkszählungen des Altertums, immer von einem gewissen Unbehagen, einer unverkennbaren Bedrückung gezeichnet war, als wäre es unrecht, Köpfe zu zählen. Die im Buch Numeri berichtete Volkszählung muss wohl mit dem im Buch Exodus erwähnten Gesetz des Halbschekels in Verbindung gebracht werden. Auch dort wird von einer Zählung der über 20 Jahre alten Männer gesprochen, nur wird die Methode des Zensus genau beschrieben. Jeder der Gezählten gab einen halben Schekel, der

Reiche nicht mehr und der Arme nicht weniger. Es ist nicht nur interessant, die Einfachheit dieser wirksamen Methode zu bewundern, besondere Aufmerksamkeit verdient die Bezeichnung und der erklärte Sinn dieses Halbschekels. Er sollte eine Gabe an Gott als Sühneopfer sein.

Kommentatoren weisen darauf hin, dass bereits vor dem Kampf – ich erinnere daran, dass ja die kampffähigen Männer über 20 Jahre gezählt wurden – klargemacht werden sollte, dass dem Krieg und dem damit verbundenen Blutvergießen etwas Sündhaftes und Böses anhaftet, das Sühne und Versöhnung Gott gegenüber erheischt.

Heutzutage scheint man sich aller Vorbehalte und jedes Unbehagens entledigt zu haben. Weniger das Gezähltwerden als das Zählen selbst ist zur Mode, ja, fast zur Manie geworden. Bei jeder Gelegenheit und bei jedem Anlass ergießt sich eine Flut von Zahlen und Ziffern über uns. Eine Krise, eine Spannung irgendwo auf dem Erdenrund, gleich beginnt der Strom von Zahlen: so viele Soldaten, so viele Panzer, Flugzeuge, Raketen, Kreuzer, U-Boote auf der einen Seite, so viele auf der anderen. So viele Tage könnte man einen Krieg aushalten, so viele Opfer könnte man in Kauf nehmen und so viele Mal könnte man die ganze Bevölkerung des Gegners pulverisieren. Gibt es gerade keine Krise, lässt man sich davon auch nicht stören. Man kann ja immer eine hypothetische Krise erfinden. Also: im Ernstfall hätte Seite A so viele Soldaten, so viele Panzer und die andere Seite hätte mehr oder weniger tödliche Spielzeuge. Krisen oder Waffenzählungen nicht mehr gefällig? Macht nichts! Zählen wir die Raucher, Trinker oder Drogensüchtigen. Welcher Prozentsatz der Bevölkerung hatte Sex vor der Ehe, wie viele schreiben mit der linken Hand, welche Automarke hat welchen Marktanteil, um wieviel wäscht Marke X weißer? Um wieviel erhöhte sich, oder wahrscheinlicher, sank die Popularität des Politikers Y, welcher Prozentsatz der Bevölkerung glaubt, Lady Z. sei die am schlechtesten angezogene Frau des Landes, wie viele pro Hundert glauben noch an Gott? Ganz, halb, ein bisschen, überhaupt nicht?

Gruseliger als bei diesen Nummernspielen überkommt es einen, wenn die Nummern, die Zahlen, unbeherrscht und ungerufen in die eigene persönliche Sphäre eindringen. 10-, 15-, 20-stellige Zahlen, die anstelle unseres Namens und unserer Adresse auftauchen, die bei Beantwortung, bei Anschrift, Bezahlung, Forderung, Auskunft, Geburt und Tod anzugeben sind. Wer bist du – Nummer bitte! Was bist du – Nummer bitte! Woher kommst du – wohin willst du – Nummer bitte! Ja, wer bin ich – eine Nummer? Löcher in einer Karte? Elektronische Impulse auf einem magnetischen Band?

Erinnert man sich noch, dass man Mensch ist, einzigartig, unwiederholbar, als Ebenbild Gottes geschaffen und nur ein bisschen niedriger als die Engel? Hat man vergessen, was Gefühl und Würde, Eigenständigkeit und Selbstverantwortung bedeuten? Sind wir schon in Gefahr, durch wenige Fingerdrücke auf einer Tastatur gemacht und wieder ausgelöscht zu werden?

Vielleicht, aber noch ist es nicht zu spät. Oder?

Schelach Lecha, Numeri 13.1–15.41

Wenn ein Mensch sich gleich einer Heuschrecke dünkt, zeugt das nicht gerade von ausgeprägtem Selbstbewusstsein. Der sich selbst gering Achtende ist dann auch in der Regel eine nichtssagende Persönlichkeit von schwachem Charakter.

Gerade von solchen Menschen erzählt uns der Wochenabschnitt der Torah, Schelach Lecha, der diesen Schabbat in den Synagogen verlesen wird. Die Geschichte ist vielen von Ihnen sicher bekannt und deshalb werde ich deren Hauptpunkte nur kurz zusammenfassen. Aus der Wüste Paran, im nordöstlichen Teil der Sinaihalbinsel gelegen, sandte Moses zwölf Kundschafter aus, ein jeder von ihnen eine fürstliche Persönlichkeit in seinem Stamm. Sie sollten das Land Kanaan durchstreifen, um einen genauen Bericht über Land und Leute zu erstatten. Nach 40 Tagen kehrten sie zurück und erzählten begeistert von dem Land, das sie soeben erkundet hatten. Es sei, so berichteten sie, wahrlich ein Land, in dem Milch und Honig flössen. Aber was eine Eroberung anbelangte, hätte die Sache einen Haken. Der Bewohner wären viele und sie lebten in großen und gut befestigten Städten. Eine erfolgreiche Invasion sei undenkbar.

Nur zwei der Kundschafter waren abweichender Meinung. Obwohl sie nichts gegen den objektiven Teil des Berichtes einzuwenden hatten, zogen sie doch einen entgegengesetzten Schluss. Jehoschua bin Nun und Kaleb ben Jefune behaupteten: „Wir werden hinausziehen und es in Besitz nehmen, denn wir können es mit ihnen aufnehmen." Diese mutige Aussage der Minderheit führte nun dahin, dass die anderen zehn ihre Befürchtungen in noch eindringlicher und übertriebener Formulierung wiederholten. In diesem Zusammenhang sprachen sie diesen bemerkenswerten Satz: „Wir kamen uns vor wie die Heuschrecken und so erschienen wir auch ihnen." Das Volk ließ sich von ihnen überzeugen und sie lehnten sich gegen Moses und Aaron auf, aber dieser kurze, aussagekräftige Satz spricht Bände über die Geistesverfassung der zehn Kundschafter und des gesamten Volkes.

Den Mangel an Selbstvertrauen, Mut und Einsatzbereitschaft kann man vielleicht verstehen und erklären. Eine Jahrhunderte währende Entrechtung und Erniedrigung in der Sklaverei, so wie sie die Kinder Israel in Ägypten erleiden mussten, geht nicht spurlos an einem Volk vorbei. Die seelischen und psychischen Wunden heilen nicht in wenigen Monaten. Überraschender erscheint das Fehlen des Gottvertrauens, das sich anscheinend trotz der wunderbaren Erfahrungen der Macht und Liebe Gottes beim Auszug aus Ägypten, am Schilfmeer, am Berg Sinai und in der Wüste noch nicht im Bewusstsein der Kinder Israel hatte verankern können.

Die zehn Kundschafter vermittelten aber nicht nur ihre eigenen Eindrücke. Sie sagten auch, ohne dafür stichhaltige Anhaltspunkte zu besitzen, viel über die Gedankengänge der Kanaaniter aus. Es ist gefährlich, wenn man das ganze Weltbild durch das eigene mangelnde Selbst- und Gottvertrauen färben und entstellen lässt. In dem Fall, vom dem wir sprechen, projizieren die zehn Kundschafter ihr Minderwertigkeitsgefühl auf die angenommene Denkweise der Widersacher: „ […] und so kamen wir ihnen vor". Der vermeintlichen eigenen Bedeutungslosigkeit stellten sie ein vermeintlich überbordendes Gefühl der Stärke beim anderen gegenüber. Durch das Heuschreckengleichnis versuchten sie, die Ungleichheit des Kräfteverhältnisses zwischen den Israeliten und den Kanaanitern derart krass darzustellen, dass sie damit zugleich ein Alibi für ihre Zaghaftigkeit erstellten.

Gott- und Selbstvertrauen sowie die Erkenntnis, dass man die Selbstbewertung nicht in die Gedanken anderer hineinlesen darf, lernte das jüdische Volk erst später aus seinen geschichtlichen Erfahrungen und aus der wachsenden Reife seines Glaubens.

Die Heuschreckenmentalität, wenn ich sie so nennen darf, ist nicht nur eine Erscheinung der biblischen Zeit. Zu jeder Zeit und überall ist sie ein weit verbreitetes, alltägliches Phänomen. Immer gibt es Menschen, denen es selbst an einem Minimum von Selbstachtung und Selbstvertrauen – von Gottvertrauen ganz zu schweigen – mangelt. Sie fühlen sich in jeder Beziehung klein, machtlos und ohne Bedeutung. Sie sind auch davon überzeugt, von ihren Mitmenschen genau so eingeschätzt zu werden, wie sie sich selbst sehen. Gleich den Kindern Israel der damaligen Zeit reagieren sie auf die Herausforderung der ihnen begegnenden Probleme mit dem Versuch, sich ihnen zu entziehen, indem sie ihnen einfach den Rücken zuwenden. Damit verbunden ist oft eine Romantisierung der Vergangenheit, der guten alten Tage, die in Wirklichkeit oft alles andere als gut waren. Wie die Israeliten unserer Geschichte dazumal plötzlich alle die ihnen angetanen Leiden zu vergessen schienen und wieder nach Ägypten zurückkehren wollten, so sehnen sich die ‚Heuschreckenmenschen' jeder Zeit in eine Vergangenheit zurück, die so illusorisch wie unwiederbringlich ist.

Der heutige Wochenabschnitt berichtet von den bitteren Folgen der geistigen Kleinlichkeit der zehn Kundschafter. Jene Generation des Volkes Israel, ausgenommen die schon genannten Jehoschua bin Nun und Kaleb ben Jefune, betrat nie das verheißene Land. Es blieb einer mutigeren, selbstsichereren und mehr auf Gott vertrauenden Nachkommenschaft vorbehalten zu erfahren, dass das vermeintlich Unmögliche gar nicht unmöglich war. So verbaut sich der Heuschreckenmensch immer selbst den Zugang zu seinen Hoffnungen, Träumen und Zielen. Er darbt und stirbt in der Wüste der Hoffnungslosigkeit und Verzweiflung.

Dazu lehrte der jüdische Weise Ben Asai: „Denke keinen Menschen (wohl auch dich selbst nicht) zu gering, und von keinem Ding, dass es unmöglich sei, denn es gibt keinen Menschen, der nicht seine Stunde und kein Ding, das nicht seinen Platz hat.“

<hr />

Schelach Lecha, Numeri 13.1–15.41

Man erzählt sich die Geschichte von einem jungen, unerfahrenen Mäuschen, welches unbedingt die Sicherheit des elterlichen Nestes verlassen wollte, um den größeren Mäusen gleich nach Essbarem zu suchen. Bevor es auf sein erstes Abenteuer auszog, nahm der weise, alte Großvater das kleine Mäuschen zur Seite und erteilte ihm einen guten Rat: „Pass gut auf, mein Kleines, und halte Ausschau nach unseren Feinden.“ Das Mäuschen versprach, auf der Hut zu sein und nach dem Feind Ausschau zu halten und damit rannte es erregt und freudig ins Freie hinaus.

Nach kurzer Zeit traf es auf einen Hahn, der seine Flügel streckte, mit ihnen schlug, böse dreinschaute und mit furchterregender Stimme schrie: „Kikeriki, Kikeriki.“ In großem Schreck sprang das Mäuschen in die Luft, machte stracks kehrt und lief, so schnell es nur konnte, zurück zu seinem Loch. Mit pochendem Herzchen erzählte es dem Großvater von seinem Erlebnis: „Opa, Opa, ich habe unseren Feind gesehen, ein furchtbares Geschöpf mit feuerrotem Kamm. Als er mich sah, warf er seinen Kopf zurück und schrie mich an.“ Großvater Maus lächelte verständnisvoll und beruhigte das kleine Mäuschen. „Nein, nein, mein kleines Dummchen. Das ist nicht unser Feind. Das war nur ein Gockel, der da krähte. Der tut uns nichts, vor dem brauchst du keine Angst zu haben.“

Beruhigt und ermutigt wagte sich das Mäuschen erneut in die weite, helle Welt. Nicht lange darauf traf es auf einen Truthahn. Dieser war noch größer und beängstigender als der Hahn. In panischem Schreck schlug unser Mäuschen einen Purzelbaum, und so schnell es seine Beinchen tragen konnten rannte es zurück in die Sicherheit seines Loches. Es dauerte geraume Zeit, bis es genügend Atem fassen konnte, um Großvater von seinem letzten Treffen zu berichten. Aber endlich gelang es ihm doch, sein Abenteuer herauszustottern: „Opa, ich sah das furchtbarste Tier, das du dir nur vorstellen kannst. Es war riesig groß, ganz schwarz, besaß einen scharfen, gebogenen Schnabel, gelbe Krallen und ganz, ganz wütende rote Augen. Als es mich sah, schüttelte es seinen Kopf auf schlimmste Weise und schrie mich an: ‚Gobbel, Gobbel, Gobbel.‘"

„Nein, nein", sagte Großvater Maus beschwichtigend. „Vor dem brauchst du keine Angst zu haben. Das ist nur ein Truthahn. Der tut dir nichts. Das ist nicht unser Feind. Unser Feind ist ganz, ganz anders. Du kannst ihn an seiner bescheidenen Haltung erkennen. Er hält sein edles Haupt gesenkt und hat die schönsten goldenen Augen. Sein Pelz glänzt weich und geschmeidig in der Sonne und er schnurrt sehr sanft. Wenn du ihn triffst, dann lauf um dein Leben!"

Der Bibelabschnitt dieses Schabbats handelt zwar nicht von Mäusen, doch aber von der Notwendigkeit, den Gegner, den Feind kennenzulernen, um ihm begegnen zu können. Der Wochenabschnitt, wie auch die dazugehörende Lesung aus den Prophetenbüchern, die Haftarah, erzählen Episoden, die mit Kundschaftern und ihrer Mission zu tun haben. Beide Geschichten sind allgemein bekannt und gehören zum klassischen Kern der Bibelerzählungen. Im vierten Mosesbuch lesen wir über die Aussendung von zwölf Kundschaftern nach Kanaan, die Moses und dem in der Wüste Sinai lagernden Volk Israel über die Beschaffenheit des verheißenen Landes, über seine Bewohner, ihre Stärke sowie ihr Verteidigungspotenzial berichten sollten. Nach 40-tägiger Kundschaftermission kehrten sie zurück und bestätigten, wie wunderbar und fruchtbar das Land wirklich sei. Aber zehn der zwölf entwarfen ein solch beängstigendes Bild von der Macht und Stärke der Landesbewohner, dass der Mut und die Begeisterung der Kinder Israel auf den Nullpunkt sank und sie sich weigerten, den Versuch zu Eroberung des Landes zu unternehmen. Lieber wandten sie sich gegen Moses und Aaron, um sie zu beschimpfen und für ihr vermeintliches Missgeschick verantwortlich zu machen.

Etwa 40 Jahre später, nach dem Tode Moses, sandte sein Nachfolger, Jehoschua, seinerseits Kundschafter aus, um den Einfall nach Kanaan vorzubereiten. Ihre Aufgabe war es, die Stärke und Schwäche der befestigten Stadt Jericho ausfindig zu machen, eine Mission, die sie erfolgreich erfüllten. Dies lesen wir aus dem Buche Jehoschua.

In unserer eigenen, persönlichen Existenz geht es selten so dramatisch zu. Auskundschaften und Spionage kennen wir meistens nur aus Krimis und spannenden Romanen. Und doch besteht unser Leben zum Großteil aus Ausforschungen und Auswertung der uns verfügbaren Informationen, sei es über Menschen oder Dinge. Sie vermitteln uns die Kenntnisse und Erfahrungen, aufgrund derer wir unsere Absichten und Handlungsweisen festlegen. Selten rennt ein Mensch blindlings in eine Beziehung oder Situation, ohne vorher irgendwie seinen Standpunkt und die ihm offenen Möglichkeiten bewertet und festgelegt zu haben. Verstand und Gefühl entscheiden, wie das von seinem Kundschafter gesammelte Material zu nutzen sei.

Auch bei uns selbst bleibt wesentlich, ob wir uns in unseren Entscheidungen von Gottesglauben, Selbstvertrauen, Mut, aber auch von der Kenntnis unserer Fähigkeiten und deren Grenzen leiten lassen. Die traurigen Folgen der Zaghaftigkeit und Kleingläubigkeit der damaligen Israeliten, die mit 40-jähriger Wanderung in der Wüste für ihren Fehler bezahlen mussten, soll uns keinesfalls nahe legen, unter allen Umständen immer blindlings und unbedacht nach vorne zu preschen. Die Geschichte ist kein Ansporn, den Boden der Realität und des Möglichen zu verlassen. Sie lehrt uns einfach, unsere Kraft, unsere Fähigkeiten sowie die Macht des Glaubens und die Hilfe Gottes nicht zu unterschätzen.

Korach, Numeri 16.1–18.32

Hyrkanos war ein reicher Mann. Seine Ländereien und Obstgärten bedeckten weite Flächen, sein Ansehen war groß. Drei Söhne hatte dieser Hyrkanos und von ihnen erwartete er fleißige und strebsame Mitarbeit auf seinem Besitz, denn eines Tages würde das reiche Erbe ja ihnen gehören. Zwei der Söhne waren damit sehr einverstanden und die Auffassung ihrer Pflichten und Pläne deckte sich mit der ihres Vaters. Nur der dritte Sohn, Elieser, war tief unglücklich. Seine Neigung ging in Richtung der Gelehrsamkeit. Ein tiefer Hunger nach Wissen und Verstehen der Torah, der Lehre Gottes, beseelte den jungen Mann. Oft, wenn er mit den Männern auf dem Felde arbeitete, blieb er plötzlich wie im Traum stehen und sein Blick schweifte über die fernen Hügel, hinter denen sich die Stadt Jerusalem erahnen ließ. Keiner konnte auf seinem jungen, doch edlen Gesicht sein Gefühl unglücklicher Sehnsucht übersehen. Ob sein Vater, Hyrkanos, dies auch bemerkte, weiß man nicht, doch gab es darauf jedenfalls keinen

Hinweis. Er schimpfte nur und mahnte Elieser zu mehr Fleiß und Aufmerksamkeit in seiner Arbeit.

Lassen Sie mich die Geschichte für einen kurzen Augenblick unterbrechen, um einigen Gedanken über solche Erzählungen im Allgemeinen zu folgen. Besser als gelehrte Abhandlungen und Studien vermitteln oft Geschichten und Legenden aus der Tradition eines Volkes die Grundstimmungen und Skalen der Werte in den verschiedenen Entwicklungsphasen. So ist es eigentlich von sekundärer Bedeutung, ob der Inhalt der Erzählung genaue Sachverhalte vermittelt, denn das Wichtigste ist meistens eine Lehre oder eine Aussage über fundamentale Einstellungen, die durch die Geschichte anschaulich dargestellt werden sollen. Die von dieser literarischen Form gewährte Freiheit erlaubt es, die gewollte Pointe besonders herauszuheben und zu betonen, ohne auf das Gebot der Wahrhaftigkeit, dem geschichtliche Berichterstattung unterliegt, achten zu müssen. Die Erzählung erhält ihre Bestätigung als wahrer Ausdruck der Volksseele durch ihre Dauerhaftigkeit über die Zeit und ihre Aufnahme in die Tradition. Dass man sie auf mehreren Ebenen lesen und verstehen kann, ist ein weiterer Gewinn.

In der Geschichte von Elieser, Sohn des Hyrkanos, die ich nun fortsetzen werde, geht es zum Beispiel um die Frage, was wirklicher Reichtum ist, und um die Feststellung der zentralen Bedeutung des Studiums der Torah im jüdischen Leben. Also, kehren wir zurück in die Gefilde Judäas, in eine Zeit vor etwa neunzehn Jahrhunderten.

Eliesers Traurigkeit und Melancholie nahmen zu bis der Geduldsfaden des Vaters endlich riss und er seinen Sohn zurechtwies: „Du bist nun schon 28 Jahre alt und zu alt, um lernen zu gehen. Verrichte deine Arbeit, wahre dein Erbe, heirate und zeuge Kinder. Die kannst du dann ins Lehrhaus schicken und sie können Gelehrte werden!" Die Zurechtweisung betrübte Elieser nur noch mehr und er brach immer öfters in Weinen aus.

Eines Nachts erschien ihm der Prophet Elias im Traum und sprach zu ihm: „Gehe nach Jerusalem zu Rabbi Jochanan ben Sakkai." Ohne jemandem ein Wort zu sagen, erhob sich Elieser und zog nach Jerusalem. Dort setzte er sich vor die Tür des großen Gelehrten Jochanan ben Sakkai und wartete. Rabbi Jochanan blickte aus seinem Fenster und sah einen weinenden jungen Mann auf seiner Schwelle sitzen. „Warum weinst du dort?", fragte er. „Ich weine ob meiner Sehnsucht, die Torah zu studieren." Welche Kenntnisse hast du schon?", fragte der weise Mann. „Keine", kam die Antwort. Da begann Rabbi Jochanan, ihm einfache Gebete und Lehren beizubringen und dies setzte sich über acht Tage fort. Elieser hatte niemandem erzählt, wer er sei, und da er keine Mittel besaß, hatte er während dieser ganzen Zeit keine Nahrung und Trank, außer Wasser, zu sich genommen und sein Atem nahm einen faulen Geruch an. Dies wurde Rabbi Jochanan unerträglich und er entließ ihn aus seiner Obhut. Aber Elieser wich nicht von seinem Platz vor der Tür des Meisters Haus. „Wer bist du?", fragte Rabbi Jochanan, als er dies bemerkte. „Ich bin der Sohn des Hyrkanos", gab sich Elieser endlich zu erkennen. Verwundert rief Rabbi Jochanan aus: „Warum hast du uns nicht gesagt, dass du aus der Familie des Hyrkanos bist. Du musst unsere Gastfreundschaft annehmen!" – „Ich habe bereits gegessen", antwortete bescheiden der junge Mann. Rabbi Jochanan ließ Erkundigungen einziehen und bald wurde es offenbar, dass Elieser schon über acht Tage nichts zu sich genommen hatte. „Wehe uns", rief der große Gelehrte aus, „dass wir deine große Not nicht erkannt haben. Aber weil du für die Torah so gelitten hast, werden dein Ruf und deine Herrlichkeit sich über die ganze Welt erstrecken." Elieser wurde bald einer der herausragendsten Schüler Rabbi Jochanans.

Inzwischen hatten die beiden anderen Söhne des Hyrkanos ihren Vater überredet, Elieser zu enterben, aber dies musste dokumentarisch in Jerusalem vor dem großen Gericht niedergelegt werden. Bei seiner Ankunft in der Stadt ging Hyrkanos sofort zu dem Haus Rabbi Jochanans, wurde dort mit Ehren empfangen und an einen der vorderen Tische gesetzt, denn ein großes Fest war gerade im Gange.

Rabbi Jehoschua ben Chananjah bemerkte den Gast und flüsterte Rabbi Jochanan zu, dass der reiche Hyrkanos in ihrer Mitte sei. „Setzt Elieser an den Tisch der Meister", wies dieser an, „und lasst ihn einen Vortrag über die Torah halten." Angesichts der Gegenwart der eminenten und großen Meister der Torah zögerte Elieser, aber dem Wort Rabbi Jochanans galt es nicht zu widersprechen. So begann er mit seinen Ausführungen und bald vergaß er in seiner Begeisterung, wo er war, und wie ein Wasserfall strömten die Worte der Lehre und der Weisheit aus seinem Munde. Wie die Sonne schien das Gesicht Eliesers. In atemloser Stille lauschten alle dem Hohelied der Torah und dem Lobpreis Gottes aus dem Mund des jungen Mannes. Nur hatte Hyrkanos seinen Sohn nicht erkannt und er fragte seinen Nachbarn nach der Identität dieses hinreißenden Jünglings. „Erkennst du nicht deinen Elieser?", raunte dieser ihm zu. „Gesegnet hat mich der Herr, dass ich solch einen Sohn habe", rief Hyrkanos aus und erhob sich aus Respekt vor seinem Sohn. Als Elieser seinen Vater so vor sich stehen sah, hielt er in seinen Worten inne und sprach: „O, mein Vater, wie kann ich sitzen und vortragen, während du, mein Vater, stehst!" und er setzte seinen Vater neben sich.

Nach dem Vortrag erzählte Hyrkanos Elieser von seiner Absicht, ihn zu enterben und erklärte sich willens, nun ihn zum Alleinerben, auf Kosten seiner Brüder, einzusetzen. „Nein, Vater", rief dieser aus, „ich verlange nichts, das rechtens meinen Brüdern gehört. Ich erbat mir von Gott weder Gold noch Ländereien, nur die Gelegenheit mich dem Studium der Torah widmen zu können. Und diesen Segen hat der Heilige, gelobt sei er, mir geschenkt. Nun bin ich wahrlich reich und ich brauche nichts sonst!"

Rabbi Elieser wurde einer größten Weisen Israels aller Zeiten.

Chukat, Numeri 19.1–22.1

Eine Erzählung aus dem an diesem Wochenende verlesenen Torahabschnitt, die ich herausgreifen möchte, erläutert anhand eines Einzelschicksals ein zeitloses, allgemeingültiges Grundprinzip, welches gerade in unserer Zeit verdient, deutlich und bestimmt in Erinnerung gerufen zu werden. Zweifelsohne richtet sich die Mahnung der Bibel hier besonders an all jene, die in leitenden Positionen aller Art Mitmenschen zu führen berufen sind.

Wir lesen zurzeit im Zyklus der Wochenabschnitte der Torah im vierten Mosesbuch. Der Abschnitt für diesen Schabbat trägt die Überschrift Chukat. Die Ereignisse, von welchen es hier zu berichten gilt, trugen sich zu, als die Kinder Israel, in ihrer 40-jährigen Wüstenwanderung durch Kadesch in der Wüste Zin kamen. Laut jüdischer Tradition war dies kurze Zeit vor dem Beginn der Besetzung des verheißenen Landes, die ja vom Ostufer des Jordanflusses ihren Anfang nahm. Hier ist, auszugsweise, der Bericht in den Worten der heiligen Schrift: „Die Gemeinde aber hatte kein Wasser; darum rotteten sie sich gegen Moses und Aaron zusammen. Und das Volk haderte mit Moses und sprach: ‚Ach, wären wir doch umgekommen, als unsere Brüder vor dem Herrn umkamen! Warum habt ihr uns in diese Wüste gebracht, damit wir hier sterben, wir und unser Vieh? Warum habt ihr uns aus Ägypten herausgeführt, um uns an diesen bösen Ort zu bringen, wo man nicht säen kann und wo es weder Feigen noch Weinstöcke noch Granatäpfel gibt und nicht einmal Wasser!' Da sprach der Herr zu Moses: ‚Nimm den Stab und versammle die Gemeinde, du und Aaron, und redet vor ihren Augen mit dem Felsen, dass er sein Wasser spende, lass ihnen Wasser aus dem Felsen hervorquellen und tränke so die Gemeinde und ihr Vieh.' Da nahm Moses, wie ihm geboten war, den Stab, der vor dem Herrn lag. Dann versammelte Moses die Gemeinde vor dem Felsen und er sprach zu ihnen: ‚Höret doch, ihr Widerspenstigen! Können wir für euch wohl Wasser aus diesem Felsen hervorquellen lassen?' Und Moses erhob seine Hand und schlug mit seinem Stab zweimal auf den Felsen. Da strömte Wasser in Fülle heraus, sodass die Gemeinde und ihr Vieh zu trinken hatte. Der Herr aber sprach zu Mose und Aaron: ‚Weil ihr nicht auf mich vertraut habt, mich vor den Augen der Israeliten zu verherrlichen, darum sollt ihr diese Gemeinde auch nicht in das Land bringen, das ich ihnen bestimmt habe.'"

Nach fast 40 Jahren in der Wüste, in denen das Volk Israel durch Gottes Fürsorge überleben konnte, hatte es Gottvertrauen noch nicht erlernt. Hier wieder trieb sie der Durst, sich gegen Moses aufzulehnen und sich über ihr Los zu beklagen. Bemerkenswert ist jedoch, dass sie dafür keine Strafe trifft. Ihr Verhalten wird mit Verständnis angenommen, denn, wie die Weisen erklären, Gott hält niemanden für schuldig für Worte, die in Not und Bedrängnis ausgestoßen werden. So können sie dem Volk auch noch ein gutes Zeugnis ausstellen, indem sie darauf hinweisen, dass die Kinder Israel in ihrer schweren Lage das Leiden ihrer Tiere nicht übersehen hatten und auch für sie Wasser verlangten. Diese Regel, einen Menschen nicht für in Bedrängnis ausgesprochene Worte zur Rechenschaft zu ziehen, scheint aber keine Allgemeingültigkeit zu besitzen. Es scheint vielmehr darauf anzukommen, was für jeden als zumutbar erachtet wird. Dies wird in aller Klarheit in unserer Erzählung anhand des Beispiels von Moses festgelegt. Dieser scheint sich einen Ausrutscher geleistet zu haben. Mehr kann man, oberflächlich gesehen und im Lichte seiner langen und fehlerlosen Wirkenszeit, nicht erkennen. Anstelle, wie befohlen, zum Felsen zu sprechen, hatte er ihn – sei es im Zorn oder in Verzweiflung – mit seinem Stab zweimal geschlagen. Dafür erhält er ebenso eine verheerende wie auch unwiderrufliche Strafe zugesprochen, die aus nichts weniger besteht, als dass er die Erfüllung und Krönung seines Lebenswerks nicht erleben darf. Es scheint eine unverhältnismäßig strenge Strafe für ein Vergehen, das uns ziemlich unbedeutend erscheint und das erklärbar erscheint.

Wer kann den Zorn und die Verzweiflung des greisen und schwer geprüften Moses nicht verstehen! Fast 40 Jahre lang hatte er ein widerspenstiges Volk durch die Wüste geführt, hatte erlebt, wie es, durch Gottes wunderbares Wirken, immer wieder aus Gefahren und Nöten verschiedenster Arten gerettet und befreit wurde. Er hatte jedes Recht zu hoffen und zu glauben, dieses Volk, welches er so heiß liebte und für das er sich unermüdlich mit jeder Faser seines Seins und unter Einsatz seines eigenen Lebens eingesetzt hatte, hätte nun endlich Glauben und Vertrauen in Gott erlernt und somit das Recht erlangt, das ihm verheißene Land in Besitz zu nehmen. Nun musste er sein Lebenswerk wieder einmal gefährdet sehen, wissend, dass er nicht mehr die Kraft und die Zeit zur Verfügung hatte, das Aufbauwerk noch einmal von Anfang zu beginnen. Wer kann es ihm verdenken, wenn der Zorn ihn übermannte und er den Felsen schlug, anstelle zu ihm zu reden? Weshalb die für diesen Mann so horrende Strafe, das Land nur aus der Ferne zu sehen, es aber nicht betreten zu dürfen? Hier wird entweder mit zwei Ellen gemessen oder es werden unterschiedliche Ansprüche aufgrund unterschiedlicher Erwartungen und Fähigkeiten gestellt. Die Folgerichtigkeit biblischer Aussage lässt nur den letzten Schluss zu. Gerade wegen seiner erwiesenen unvergleichlichen Statur wurde von Moses mehr und besseres verlangt als von irgendeinem anderen Menschen. Weil er sich als fast unbeschränkt belastbar erwies, durfte er auch dieses eine Mal nicht versagen. Er war doch der Führer, Lehrer und deshalb Vorbild des Volkes. Alles, was er tat und sprach, hatte im Bewusstsein der Kinder Israel Folgen. Hätte er zum Felsen nur gesprochen, wäre das göttliche Wunder offenbar geworden. Das Schlagen des Steins ließ zu, dass Fragen aufkamen und selbst Moses' Glauben angezweifelt wurde. Der Schluss ist klar: je höher die Position, die man einnimmt, desto größer die Verantwortung, desto gesteigerter die Erwartungen und desto schwerer die Strafen und Folgen des Versagens.

Diese harte, aber notwendige Regel, die bei Reflexion auch gerecht und billig erscheint, wird heutzutage meistens ignoriert. Die Bereitschaft, Positionen und Macht anzunehmen, läuft selten parallel mit der Bereitschaft, auch die damit verbundenen erhöhten Verantwortungen und Anforderungen zu akzeptieren. Fehler und Versagen werden mit Entschuldigungen und mit Ansprüchen auf Verständnis abgetan, ungeachtet des Umstands, dass dies zahllose Menschen verwirrt und falsche Werte lehrt.

Wäre man bereit, die Lehren der Bibel ernster zu nehmen und anzuwenden, wäre unsere Gesellschaft wohl gesünder und wir alle näher dem verheißenen Land – in diesem Fall: einer friedlichen und sicheren Zukunft der Menschheit.

Balak, Numeri 22.2–25.9

In Bileam, dem Sohn Beors, begegnet uns im Wochenabschnitt dieses Schabbats eine rätselhafte und umstrittene Gestalt. Wer war dieser rätselhafte Mann, dessen Ruf so bedeutend und weit verbreitet war, dass man glaubte, das Wort seines Mundes könne Segen oder Fluch über seine Mitmenschen bringen? Die Bibel gibt nur eine qualifizierte Antwort und deutet an, er sei wohl unter die Widersacher des Volkes Israel einzureihen. Doch vermeinen bedeutende Kommentatoren im Text genügend Gründe zu finden, Bileam als verkörperte Gottgläubigkeit, Beispiel des Gehorsams und begnadeten Empfänger der Macht der Prophetie zu bezeichnen.

Nach ihrer langen Wüstenwanderung haben die Kinder Israel die Grenzgebiete des Landes Kanaan erreicht. Die Völker und Stämme, die ihnen Durchgang verweigern und sie bekämpfen wollten, wurden geschlagen und ihre Ländereien eingenommen. Durch die vernichtenden Niederlagen von Sichon, König der Amoriter, und Og, König Baschans, hatte sich eine gewaltige Furcht vor den wandernden Wüstenstämmen in die Herzen der noch verbliebenen Völker eingenistet. Nun lagerten die Kinder Israel in den Gefilden Moabs, am Ostufer des Jordans gegenüber Jericho. Zu jener Zeit war Balak, Sohn Zippors, König über Moab. In seiner Bedrängnis ließ er sich etwas ganz Originelles zur Abwehr gegen Israel einfallen. Da er unmöglich mit militärischen Mitteln gewinnen konnte, verfiel er auf eine Idee, die nur im Rahmen der Kultur und des Glaubens jener Zeit zu verstehen ist. Er sandte Boten an Bileam, den Seher, Propheten, Zauberer, Meister der magischen Worte und Menschenkenner, und forderte ihn auf, gegen viel Reichtum und Ehre Israel zu verfluchen, denn – so wörtlich: „ Ich weiß, wen du segnest, ist gesegnet, und wen du verfluchst, ist verflucht."

Bemerkenswerterweise weist Bileam die Zuschreibung solcher Macht mit keinem Wort zurück; es scheint, er selbst ist von solch einer ihm innewohnenden Fähigkeit überzeugt. Nach einem gewissen Zögern und mit der Erlaubnis Gottes, zieht er mit den abgesandten Fürsten zu Balak, stellt aber von vornherein fest, dass er nur das werde sagen können, was Gott ihm erlaubt. „Siehe", spricht er zu seinem Auftraggeber, König Balak, „ich bin jetzt zu dir gekommen. Aber bin ich imstande, etwas zu reden? Das Wort, das Gott mir in den Mund legt, das muss ich reden." Mit dieser Warnung beginnt Bileam seine Vorbereitungen. Deren Umfang und die vermeintliche Ernsthaftigkeit, mit der sie ausgeführt werden, scheinen anzudeuten, dass Bileam seinen Auftrag wahrlich ausführen will, er will sich Geld und Ehre redlich verdienen. Aber es kommt anders.

Das Wort, das Gott Bileam in den Mund legt, ist das Gegenteil von dem erwarteten und erhofften Fluch. So hebt er an: „Aus Aram ließ Balak mich holen, der König Moabs aus den Bergen des Ostens. ‚Komm, verfluche mir Jakob, komm, verwünsche Israel.' Wie soll ich fluchen, wem Gott nicht flucht? Wie soll ich verwünschen, wen Gottes Hand nicht verwünscht?"

Die Konsternierung und Verärgerung des enttäuschten Königs sind verständlich: „Was hast du mir angetan! Meinen Feinden zu fluchen ließ ich dich holen, und siehe, du hast sie ja gesegnet." Da antwortet der Seher: „Muss ich nicht darauf achten zu reden, was mir der Herr in den Mund legt?" Drei Anläufe nimmt Bileam, das Volk Israel zu verfluchen, ein jedes Mal von einem anderen Ort, und ein jedes Mal wird der Fluch zum Segen verwandelt. Unter anderem spricht Bileam folgende Sätze: „Gott ist kein Mensch, dass er lüge, kein Menschenkind, dass es ihn gereue. Was er gesprochen hat, soll er es nicht tun? Was er geredet, soll er es nicht ausführen? Siehe, zu segnen bin ich geheißen; so muss ich segnen und kann es nicht wenden. Nicht schaut man Ungemach in Jakob, nicht sieht man Unheil in Israel. Der Herr, sein Gott, ist mit ihm, und Königsjubel in seiner Mitte. Denn kein Zauber hat Macht über Jakob, keine Beschwörung über Israel. Wie schön sind deine Zelte Jakob, deine Wohnungen Israel! Wie Täler, die sich ausbreiten, wie Gärten am Strom, wie Eichen, die der Herr gepflanzt, wie Zedern am Wasser. Gesegnet ist, wer dich segnet, verflucht, der dir flucht."

Es ist wohl kaum verwunderlich, dass König Balak sich betrogen fühlte und er Bileam mit Schimpf entließ. Um ihm irgendwelchen Schaden zuzufügen, dafür hatte er vor dem großen Seher wohl zuviel Angst. Bevor Bileam ging, sprach er vor König Balak, sozusagen als Gratiszugabe, noch eine verdammende Prophezeiung die Zukunft der Moabiter und ihrer Verbündeten betreffend aus: „Und es geht ein Stern auf aus Jakob, ein Zepter erhebt sich aus Israel; er zerschmettert die Schläfen Moabs, den Scheitel aller Söhne Seths. Edom wird Jakobs Besitz, Se'ir wird ihm zu eigen, und Israel gewinnt Macht." Danach, so berichtet die Bibel, machte sich Bileam auf und kehrte in seine Heimat zurück.

Bis hierher entsteht das Bild eines gottesfürchtigen, gehorsamen Dieners des Herrn. Alle Schätze Balaks und alle versprochenen Ehrungen können Bileam nicht von seinem Weg abbringen. Der Plan Balaks scheitert; der Fluch wird weder ausgesprochen noch unausgesprochen wirksam. Dass den Stämmen Israel kurz darauf wieder einmal Verderben durch Sünde droht, ist vordergründig der eigenen Schwäche zuzuschreiben. Was die subtilen Absichten Balaks nicht erreichen konnten, schafften beinahe die schönen Frauen seines Volkes. Sie bezauberten die israelitischen Männer und verführten sie zum Abfall von ihrem Glauben. Aber das ist schon wieder eine andere Geschichte.

Nur muss man anfügen: In der Bibel ist ein Hinweis versteckt, dass Bileam hier seine Finger im Spiel hatte. Im 31. Kapitel des vierten Buches Moses lesen wir nämlich in einem kurzen Satz: „Sie, die Frauen gerade, haben ja die Israeliten auf den Rat Bileams hin dazu gebracht, dem Herrn um des Götzen Paal Peor willen untreu zu werden." Hat sich Bileam am Ende doch noch seinen Lohn mit einem gefährlichen Ratschlag verdienen wollen? War er also doch Feind und Bösewicht? Die Frage wird weiter offenbleiben müssen. Lernen können wir aus der Geschichte: Der Fluch, den andere über uns sprechen oder sprechen wollen, hat keine Macht unser Schicksal zu bestimmen. Die einzigen, die uns in den Fluch stürzen können, sind wir selbst.

Pinchas, Numeri 25.10–30.1

„Holt sie von den Sockeln runter, die großen Persönlichkeiten der Bibel!" Viele Prediger und Interpreten der heiligen Schrift wären gut beraten, solch einem Ruf Gehör zu schenken. Zu oft wird noch schwarz-weiß gemalt, werden biblische Gestalten anders als menschlich und damit uns ähnlich dargestellt. Dadurch geht uns eigentlich ein unbeschreiblicher Reichtum von Verständnis und Ermutigung verloren. Erst wenn wir verstehen, dass, so sehr sie auch in vielen Belangen größer waren, als wir es jemals sein können, sie doch in ihren menschlichen Regungen und Gefühlen uns ähnlich waren. Auch sie kannten Höhen und Tiefen, Freude, Enttäuschung, Verzweiflung und Schmerz. Sie lachten und weinten, liebten und, wahrscheinlich, hassten sie auch. Manchmal umnebelte Zweifel ihre Herzen und zu anderen Zeiten schien in ihnen die Sonne des ungetrübten Glaubens und der festen Überzeugung. Wenn wir genauer hinschauen, erkennen wir uns in ihnen wieder und wir können uns mit ihnen identifizieren oder, besser noch, sie zuversichtlich zum Vorbild nehmen. Biblische Persönlichkeiten so zu sehen und zu verstehen, ist, meine ich, weder vermessen noch größenwahnsinnig, sondern eigentlich der Sinn biblischer Erzählung.

Diese Gedanken, die ich schon lange vertreten habe, sind mir wieder verstärkt ins Bewusstsein gerufen worden angesichts einer Episode aus dem Leben unseres großen Lehrer Moses, die im Torahwochenabschnitt dieses Schabbats zum Vortrag kommt.

Moses hatte in einer Erbsache zu entscheiden. Der Fall selbst braucht uns heute nicht zu beschäftigen. Von Bedeutung ist, dass aufgrund göttlicher Entscheidung das bis dahin geltende Gesetz zugunsten der antragstellenden Frauen geändert wurde. Im Zusammenhang mit dem, was darauf folgt, haben einige Kommentatoren vermutet, Moses hätte vielleicht geglaubt, dass so wie im Falle dieser Erbsache eine Änderung durchgeführt wurde, vielleicht auch das gegen ihn selbst verhängte Urteil, er dürfe nicht in das verheißene Land ziehen, geändert, ja, aufgehoben werden könne. Diese Hoffnung erweist sich als falsch. Das Urteil steht. „Steige hinauf auf den Berg Abarim, spricht der Herr zu Moses, „und schau auf das Land, das ich den Kindern Israel bestimmt habe. Und wenn du es gesehen hast, so wirst du zu deinem Volk versammelt werden wie dein Bruder Aaron, weil ihr in der Wüste Zin bei dem Hadern der Gemeinde meinem Befehl, mich vor ihren Augen zu verherrlichen, ungehorsam gewesen seid."

Diese Worte bedeuten den Tod, einen sanften, friedlichen Tod durch den Kuss Gottes vielleicht, aber doch den Tod, die Abberufung aus der Welt und von dem Wirken, dem sich Moses mit ganzer Kraft und Hingabe gewidmet hatte. Es stand fest: die Krönung seiner Arbeit, die Erfüllung seiner teuersten Hoffnung, der Einzug des von ihm so heiß geliebten Volkes in das Land der Verheißung sollte ihm verwehrt bleiben. Fragen wir uns, wie wir in solch einer Lage reagieren würden. Wer weiß? Mag sein mit Bitternis, mit Klage und Selbstmitleid, protestierend, flehend, resignierend, aber vielleicht auch ruhig annehmend? Auf jeden Fall setzt die Reaktion Moses' Maßstäbe, die durchaus auch auf normale Sterbliche anwendbar sind.

Moses stellt sich auch zu diesem Zeitpunkt nicht in den Mittelpunkt. Wichtig und vorrangig bleibt das Schicksal und die Zukunft seines Volkes. Nicht für sein Leben, sondern dafür, dass für die Kinder Israel gesorgt sein möge, plädiert er. Er kennt dieses Volk, hat es ihm doch genug Schwierigkeiten und Enttäuschungen gebracht. Doch wie ein Vater seine Kinder, so verstand und versteht auch Moses sein Volk Israel. Er liebt es mehr als sein eigenes Leben, erkennt aber auch, dass es eine starke und überzeugende Führung braucht. Diese Erkenntnis bestimmt seine Antwort auf die Ankündigung seines Todes: „Möge der Herr des Lebensodems alles Fleisches einen Mann über die Gemeinde setzen", so bittet Moses, „einen Mann, der vor ihnen herzieht und vor ihnen heimkehrt, der sie hinaus- und zurückführt, dass die Gemeinde des Herrn nicht wie die Schafe seien, die keinen Hirten haben."

Da sprach der Herr: „Nimm dir Joschua, den Sohn Nuns, einen Mann, in dem der Geist ist und lege deine Hand auf ihn. Dann stelle ihn vor Eleasar, den Priester, und vor die ganze Gemeinde und setze ihn ein vor ihren Augen; lege auch von deiner Hoheit auf ihn, damit die ganze Gemeinde Israel ihm gehorsam sei. Nach seinem Wort sollen sie ausziehen und nach seinen Worten sollen sie heimkehren, er und die ganze Gemeinde Israel." Und Moses tat, wie der Herr ihm befohlen hatte; er nahm Joschua und stellte ihn vor Eleasar, den Priester, und vor die ganze Gemeinde; dann legte er seine Hände auf ihn und setzte ihn ein, wie der Herr durch Moses befohlen hatte." Soweit der Bericht der Bibel.

In einem ganz kleinen, leicht übersehbaren Detail zeigt sich die strahlende Persönlichkeit dieses Gottesmannes. Er sollte seine Hand auf Joschuas Haupt zum Zeichen der Einsetzung legen, er aber legte beide Hände auf, eine Geste, die viel besagt, als wolle er seine ganze Kraft, seine volle Autorität, Liebe und Hingabe auf den jüngeren Mann übertragen. Er legte das Schicksal Israels in gute und treue Hände. Nun konnte er in Frieden abtreten und sein Leben in die Hand Gottes zurückgeben.

Wir müssen nicht in die Vergangenheit zurückblättern, um Despoten, Machthaber und Regierende zu finden, die krampfhaft und mit manischer Energie und Selbstgefälligkeit an den Sesseln der Macht kleben, deren Hände an den Schalthebeln der Autorität festgefroren scheinen. In jungen, aufstrebenden Nachwuchskräften sehen sie eine Gefahr für ihre Position, nicht die Nachfolger, in deren Hände man das Schicksal des Volkes, dem man zu dienen vorgibt, einmal legen will. Wie viele haben die Größe, rechtzeitig und bei voller Kraft von der Bühne abzutreten, einem anderen mit Liebe sagend: Trage du nun meinen Mantel!

Das Verhalten Moses' sprengt keinesfalls den Rahmen des Menschenmöglichen. Es zeigt uns eine Größe des Geistes, die nachzuahmen sich lohnt. Wäre Moses ein Heiliger auf einem Sockel gewesen, würden wir bewundernd zu ihm aus der Ferne hinaufschauen. Da er aber Mensch war, erkennen wir das Ebenbildliche Gottes im Menschen durch ihn und damit das größere Wunder: dass es auch uns möglich ist, die gleichen Höhen zu erklimmen.

Pinchas, Numeri 25.10–30.1

Am Eindrucksvollsten und Bestechendsten spricht die Bibel zu uns, wenn sie von einer direkten Anrede Gottes an einen Menschen berichtet. Es sind meist einfache, schlichte Sätze, in prägnanter Kürze und für alle verständlich. Vor dem Hintergrund unseres Bewusstseins der unbeschreiblichen Herrlichkeit und Allmacht Gottes, vermitteln gerade diese Sätze die Immanenz des Weltenschöpfers in unserem Leben. Wir erkennen, dass aus dem Unendlichen der Ewigkeit eine Brücke der Verbundenheit zu uns hinüberführt, die uns die Realität und Gegenwart des Göttlichen vermittelt. Solch eine Anrede war, zum Beispiel, die so einfache und doch so fordernde Frage, welche Gott an Kain richtete, nachdem dieser seinen Bruder Abel totgeschlagen hatte: „Meh assita? – Was hast du getan?" Sie trägt das Echo der Frage, die Gott auch an Eva gerichtet hatte, als sie von der Frucht des verbotenen Baumes gegessen und auch Adam davon gegeben hatte: „Mah sot assit? – Was ist dies, das du getan hast?" Solch eine Frage lässt sich an ein kleines Kind, aber auch an den intellektuell gebildetsten unter den Erwachsenen richten. „Was hast du getan?" In solch einer Anrede spielen eine Vielzahl von Gefühlen mit: Bestürzung, Schmerz, Enttäuschung, aber auch Liebe, Sorge und Verstehenwollen; sie fordert gleichzeitig Selbstkritik, Bekenntnis zum Vergehen und Reue; bietet im Gegenzug Vergeben und Versöhnung.

Einer ähnlichen, aber doch ganz andersartigen Frage begegnen wir in der Haftarah, der dem Torahwochenabschnitt zugeordneten Lesung aus den Propheten, für diesen Schabbat Pinchas. Dort wird die Frage an den Propheten Elijahu, in den Übersetzungen wird sein Name meistens als Elias wiedergegeben, gestellt. Folgende Worte werden dem Propheten entgegengerufen: „Mah lecha po Elijahu? – Was tust du hier,

Elijahu?" Um uns zu erlauben, über diese Frage nachzudenken, muss ich etwas ausholen und den Zusammenhang erklären, in dem sie gestellt wurde.

Elijahu, der Tischbite aus der Gegend von Gilead, war ein furchtloser, begeisterter, eifernder Kämpfer in seinem Volke für die Integrität und Ausschließlichkeit der Gottestreue und des Gottesdienstes. In seiner Zeit hatte in Israel, dem nördlichen Königreich, weniger der regierende König Ahab, als seine phönizische Frau, Königin Jesebel, das Sagen. Mit ihr zog der Götzenkult des Baals und der Astarte siegreich in das Land ein.

Kompromisslos und unbarmherzig bekämpfte Elijahu die Abtrünnigkeit Israels. In einer epischen Konfrontation mit 450 Priestern des Baal auf dem Berge Karmel rang er dem zaudernden Volk ein Bekenntnis zum Gott Israels ab. Alle Götzenpriester wurden dem Schwert überantwortet. Königin Jesebel schwor bittere Rache und trachtete nach Elijahus Leben. Und um die Gottestreue des Volkes war es auch nicht so gut bestellt. In Verzweiflung und Enttäuschung floh der Prophet in das südliche Judäa und von dort aus in die Wüste. Wunderbar ernährt durch einen Engel Gottes, erreichte Elijahu den Berg Horeb, an dem vor vielen Jahren den Kindern Israel die Zehn Gebote verkündet wurden. Lassen wir die Worte der Bibel weiterberichten: „Da erging an ihn das Wort des Herrn: ‚Was tust du hier, Elijahu?' Er antwortete: ‚Geeifert habe ich für den Herrn, den Gott der Heerscharen! Denn Israel hat dich verlassen; deine Altäre haben sie niedergerissen und deine Propheten mit dem Schwert getötet. Ich allein bin übrig geblieben, und sie trachten danach, mir das Leben zu nehmen.' Er aber sprach: ‚Geh hinaus und tritt auf den Berg vor den Herrn!' Siehe, da ging der Herr vorüber: ein großer, gewaltiger Sturm, der Berge zerriss und Felsen zerbrach, kam vor dem Herrn her, aber der Herr war nicht im Sturm. Nach dem Sturm ein Erdbeben, aber der Herr war nicht im Erdbeben. Nach dem Erdbeben ein Feuer, aber der Herr war nicht im Feuer. Nach dem Feuer ein Flüstern eines leisen Wehens. Als Elijahu dieses hörte, verhüllte er sein Angesicht mit dem Mantel, ging hinaus und trat an den Eingang der Höhle. Siehe, da sprach eine Stimme zu ihm: ‚Was tust du hier, Elijahu?' Er antwortete: ‚Geeifert habe ich für den Herrn', und wortwörtlich wiederholte er die Antwort, die er bereits vorher gegeben hatte."

Zweimal, einmal vor und einmal nach der Theophanie, wiederholt sich die gleiche Frage: Mah lecha po Elijahu?. In der Übersetzung verliert sich allerdings eine Nuance, die im hebräischen Urtext sofort erkennbar ist. Die Frage richtet sich eben nicht nach dem Tun, ganz im Gegensatz zu der an Kain und Eva gerichteten Frage, sondern nach seinem Dortsein, nach seiner Gegenwart am Berg Horeb. Was hast du hier zu suchen, warum bist du hier, was gibt es für dich hier zu tun? – dies soll Elijahu erklären. Der Prophet hatte das auch richtig verstanden. Gott weist ihn nicht zurecht, zeigt nicht

Vergehen oder Sünde auf; er fragt ihn nach dem Ort, an dem er glaubt seine Pflicht im Dienste Gottes erfüllen zu müssen. In bitterer Resignation, auch seine Angst ums eigene Leben bekennend, klagt Elijahu über den desolaten Zustand in der Glaubenswelt seines Volkes. Dies erklärt seine Flucht, erlaubt aber nicht sein Bleiben in der Sicherheit der Wüste. Erneut wird er in den Kampf gestellt, wieder muss er den Gefahren im Auftrag des Herrn gegenübertreten.

An jeder kritischen Stelle unseres Lebens werden auch wir mit diesen Fragen konfrontiert. Sie verlangen von uns Rechenschaft über das, was hinter uns liegt, und bewusste Annahme unserer Pflichten in jeder Situation, in die wir uns hineingestellt finden. Es wird uns, in unserer turbulenten, kreischenden Zeit schwer fallen, inmitten eines Sturms, Bebens und Feuers das Flüstern des leisen Wehens zu vernehmen. Doch jeder kann es hören und sich davon leiten lassen, wenn er beharrlich und zielstrebig danach lauscht.

דברים

Dewarim –
Deuteronomium

Dewarim, Deutoronomium 1.1–3.22

Die triste Melodie der Klagelieder erklingt in den Gebetshäusern des Judentums am Tisch'a b'Aw. am 9. Tag des 5. Monats, dem Gedenktag der Zerstörung der beiden großen Tempel zu Jerusalem in den Jahren 586 vor der jetzigen Zeitrechnung und im Jahr 70 danach.

Die Bibel berichtet in kargen, nüchternen Worten und wenigen Sätzen über die Ereignisse, derer wir am 9. Tag des Monats Aw gedenken, und deren Echo auch heute noch im jüdischen Bewusstsein widerhallen. Jerusalem war von den Babyloniern eingenommen, der Tempel ein Raub der Flammen geworden, die große Mehrzahl der Bewohner in die Verbannung ostwärts getrieben. Dahin war die Eigenständigkeit, zerschmettert das erhabene und einzigartige Gotteshaus. Das Datum, an dem laut der Überlieferung der erste Tempel zu Jerusalem zerstört wurde, gilt seit jener Zeit als der schwarze Tag der jüdischen Geschichte. Auch die Zerstörung des zweiten Tempels und die Vertreibung der Juden aus Spanien 1492 sowie eine Vielzahl weiterer Katastrophen großen Ausmaßes sollen an diesem Datum stattgefunden haben.

Außenstehende fragen sich wohl erstaunt, wie man sich von einem, wenn auch noch so traumatischen Ereignis, das so fern in der Vergangenheit zurückliegt, heute noch berührt fühlen kann. Kenner und Freunde des Judentums wissen aber, dass die persönliche Identifizierung mit der Geschichte und dem Werdegang seines Volkes in jedem Juden stark verwurzelt ist. Immer wieder versucht er, in seinen Gedanken und in seiner Fantasie die großen Meilensteine der Geschichte Israels nachzuvollziehen, um sie besser auf sich selbst angewandt zu verstehen. Gedenkt er des Auszugs aus Ägypten, spricht er: „In jeder Generation soll der Mensch sich so sehen, als wäre er selbst, höchstpersönlich, aus Ägypten ausgezogen." Am Schabbat ruft er sich die Schöpfung der Welt ins Gedächtnis; am Wochenfest steht er am Fuße des Sinai; am Laubhüttenfest sitzt er mit seinen Ahnen in der zerbrechlichen Behausung der Wüstenwanderung. Die Beispiele ließen sich vermehren, doch es wurde hier bereits genug gesagt, um aufzuzeigen, dass ein solch einschneidendes Ereignis wie die Zerstörung Jerusalems und seiner Tempel im geschichtlichen Erinnerungssinn des Judentums unweigerlich seinen Nachhall finden würde.

Die Worte des 137. Psalms drücken die innersten Gefühle der jüdischen Seele aus: „An den Strömen Babylons, da saßen wir und weinten, wenn wir Zions gedachten; an die Weiden im Lande hängten wir unsere Harfen. Denn dort hießen uns singen, die uns hinweggeführt, hießen uns fröhlich sein unsere Peiniger: Singt uns doch eines von den Zionsliedern! Wie können wir des Herren Lied singen auf fremder Erde? Die Zunge klebe mir am Gaumen, wenn ich Deiner nicht gedenke, wenn ich nicht Jerusalem setze über meine höchste Freude!" Stimmt ein Jude am 9. Aw die Klage an, tränen seine Augen. Betet er im täglichen Gebet um die Restaurierung Jerusalems, gibt er seinem innigen Herzenswunsch Ausdruck. Fragt er nach den Gründen der damaligen Katastrophe, setzt er bei seiner eigenen Schuld an: „Unserer Sünden wegen wurden wir aus unserem Land verbannt." Wer diese immerwährende und niemals gebrochene Bindung zwischen dem jüdischen Volk und dem Land Israel, und da besonders Jerusalem, nicht zu erkennen vermag, der kann auch das Entstehen des modernen Staates Israel und die ihn umgebende Problematik nicht verstehen.

Jüdisches Denken schließt Willkür im Walten Gottes in der Geschichte aus. So stellt sich die Frage nach den Gründen der Ereignisse mit besonderem Nachdruck. In der Beziehung zwischen Gott und dem Menschen kann Unbeständigkeit nur der menschlichen Seite zugeschrieben werden. Es ist der Mensch, der Gräben aufreißt, trennende Mauern errichtet, er ist es, der sich von Gott abwendet und sich von ihm entfernt. Die Gründe des Unheils müssen demgemäß zuerst im menschlichen Verhalten gesucht werden.

Solch eine Einsicht mag wohl bereits im Exil nach der Zerstörung des ersten Tempels im 6. Jahrhundert vor der jetzigen Zeitrechnung bestanden haben. Sie erklärt vielleicht das Überleben des jüdischen Glaubens in der Fremde, damals alles andere als eine Selbstverständlichkeit.

Die großen Propheten Israels und Judäas hatten damals in harten Worten die Lebensweise und die Moralität ihrer zeitgenössischen Gesellschaft gegeißelt und katastrophale Folgen vorausgesagt. So waren die eingetretenen Kalamitäten zwar eine harte Lehre, aber gleichzeitig ein überzeugender Beweis der Gerechtigkeit Gottes und der Wahrheit der Verkündigung der Propheten. Hatte man sich vorher geweigert, ihnen Gehör zu schenken, standen sie nun durch die Wucht der Ereignisse gerechtfertigt da.

Die Trauer um Jerusalem wird deshalb durch Betroffenheit ergänzt, denn wir erkennen, dass es nicht so hätte kommen müssen. Unserer Schuld und unserer Vergehen wegen wurde Jerusalem zerstört und Israel in die Verbannung geführt. Diese Erkenntnis zwingt unausweichlich zur Selbstkritik und Kursänderung, zu Einsicht und Umkehr. Im Bewusstsein von Gottes unendlicher Liebe, Gnade und Barmherzigkeit muss sich der Mensch ändern, will er die zerstörenden Brücken wieder aufbauen, die ihn von Gott trennenden Mauern niederreißen und die aufgerissenen Gräben wieder auffüllen.

Die Mauern des Tempels sind nicht für immer zerstört, die Aufgaben eines wieder-erstandenen Zion noch lange nicht endgültig erfüllt. Doch eines steht fest: Jerusalems Platz in der Heilgeschichte der Menschheit ist durch Gottes Wort und Verheißung gewährleistet. Aber das Wie und das Wann liegt, zumindest teilweise, in der Menschen Hand.

Ekew, Deutoronomium 7.12–11.25

Eine der schlimmsten Sünden der Menschen, weil weit verbreitet und folgenreich, ist die Überheblichkeit. Die Überheblichkeit ist eine krankhafte, bösartige Auswucherung des Stolzes, die den Betroffenen geistig erblinden lässt, bis er die eigenen Fehler und Unzulänglichkeiten nicht mehr sieht, die Grenzen seines Wissens und seines Könnens nicht mehr erkennt. Auch sein Blickwinkel wird verzerrt. Alles und alle scheinen unter ihm zu stehen, und über ihm nur das All der unbegrenzten Möglichkeiten, das seinen Ruhm und seine Ehre singt.

Oft, wenn unsere Weisen eine moralische Lehre einschärfen und verdeutlichen wollten, bedienten sie sich einer Geschichte. Die Überheblichkeit betreffend ist uns die folgende Geschichte aus der Zeit des Chassidismus überliefert worden:

Ein Schneider von fast legendärem Ruf als unübertroffener Meister seines Hand-werks wurde eines Tages zum Grafen gerufen. Dieser übergab ihm ein kostbares Stück eines ausgesuchten Stoffes mit den Worten: „Dieses herrliche Stück Material hat mir ein Freund aus dem fernen Italien schicken lassen. Mache mir daraus einen Anzug. Sei aber vorsichtig mit diesem Stoff und verderbe ihn mir nicht, und schau zu, dass der Anzug der Güte des Stoffes würdig wird." Der Schneider, der sich seines Rufes wohl bewusst war, fühlte sich durch diese Worte in seiner Ehre gekränkt. Er reckte sich zu seiner ganzen Höhe auf, sehr groß war er ja sowie nicht gewachsen, und sprach mit stolzer Miene: „Das braucht man mir wohl kaum zu sagen. Bin ich nicht der bekannteste und beste Schneider in diesen Landen?"

Nach einiger Zeit brachte der Schneider den fertigen Anzug zum Grafen. Stellen Sie sich seine Bestürzung vor, als der Graf seine Arbeit beanstandete und ihm das Kleidungsstück zurückgab mit einer Drohung, er bringe das besser in Ordnung. Ver-ängstigt, sein Missgeschick nicht verstehend, begab sich der Schneider zu Rabbi Jerachmiel, um sich Rat von ihm zu erbitten. Dieser hörte sich die Geschichte an und riet, der Schneider solle den Anzug noch einmal auseinander nehmen und mit größter Sorgfalt wieder zusammennähen. Der Schneider tat dies dann auch. Als er dann den Anzug dem Grafen zum zweiten Mal präsentierte, entsprach dieser zur großen Erleichterung des Schneiders ganz den Vorstellungen des hohen Herren, der auch die Arbeit lobte und reich belohnte.

Der Schneider kehrte zu Rabbi Jerachmiel zurück und fragte, ob er ihm nicht erklären könne, warum all dies so geschehen sei. Da antwortete ihm der Weise: „Beim ersten Mal bist du mit Stolz und Hochmut an die Arbeit gegangen. Du glaubtest nicht, dass auch dir Fehler oder Ungenauigkeiten unterlaufen könnten. Deshalb hast du es an der notwendigen Sorgfalt mangeln lassen. Das zweite Mal warst du zerknirscht, bescheidener und verängstigt. Du sahst ein, dass auch der Beste Fehler machen kann, und so ließest du die notwendige Mühe und Vorsicht walten."

Der Bibelabschnitt Ekew, der diesen Schabbat in den Synagogen verlesen wird, warnt in eindringlichen Worten vor der Sünde der Hochmut. Der Mensch soll sich Erfolg, Errungenschaften und Wohlergehen nicht zu Kopf steigen lassen und seine Macht und Weisheit überschätzen. Die Mahnungen der Schrift sind zeitlos. Sie waren selten so angebracht wie zu unserer Zeit, und so erlaube ich mir, sie Ihnen ins Gedächtnis zu rufen:

„Hüte dich, wenn du dich satt essen kannst, und schöne Häuser baust und darin wohnst, wenn deine Rinder und Schafe sich vermehren und Silber und Gold sich dir häuft und alles, was du hast, sich mehrt, dass nicht dein Herz sich alsdann überhebe und du des Herren, deines Gottes, vergessest, der dich aus dem Land Ägypten, aus der Sklaverei, herausgeführt, […] und dass du nicht bei dir selber sprechest: ‚Meine Kraft und die Stärke meiner Hand hat mir diesen Reichtum erworben.'"

Einige Sätze weiter heißt es nochmals, im gleichen Geiste, im Zusammenhang mit der Besitznahme des verheißenen Landes: „Nicht um deines Verdienstes und deines lauteren Herzens willen kommst du herein, um das Land dieser Völker zu besetzen, sondern um ihrer Ruchlosigkeit willen vertreibt der Herr, dein Gott, diese Völker, und um das Wort wahr zu machen, das der Herr deinen Vätern Abraham, Isaak und Jakob geschworen hat. Wisse also, dass der Herr, dein Gott, dir nicht um deines Verdienstes willen dieses schöne Land zu eigen gibt, denn du bist ein halsstarriges Volk."

Die Bibel stellt sich hier nicht gegen Besitz und Wohlstand als solches. Ganz im Gegenteil! Sie werden als Segen Gottes und als von seiner Hand kommend dargestellt. Auch lässt sich kein Schluss gegen die Erforschung des Universums und der Natur folgern. Armut, Primitivität und freiwillige Einschränkung des Wissenshungers werden nicht gefordert. Die Mahnung und der Aufruf ist, die Grenzen des Wissens und des Könnens zu erkennen, und sich des Ursprungs von Macht, Besitz und Wohlstand immer bewusst zu bleiben. Denn aus diesem Bewusstsein erwächst die Einsicht, dass materieller sowie geistiger Besitz dem Menschen Verpflichtungen und Verantwortungen auferlegen.

Wenn der Mensch von Macht und Wissen trunken sich selbst auf den Thron der Schöpfung setzt, sich selbst zum Schiedsrichter über Gut und Böse aufschwingt und sein egozentrisches Interesse zur Grundlage und Rechtfertigung seines Handelns macht, dann bedroht er von Hochmut und Überheblichkeit geschlagen, das Wohlergehen seiner Mitmenschen. Bei dem jetzigen Stand der Wissenschaften kann das auch bedeuten, dass er die Existenz unserer Welt gefährdet.

Die bitteren Folgen von Selbstherrlichkeit, die ja die menschliche Geschichte zu Genüge gezeichnet haben, werden von der Bibel als Strafen Gottes dargestellt. Es kommt wohl aufs Gleiche heraus, wenn wir konstatieren, dass es eigentlich der Mensch selbst ist, der in Größenwahn und Arroganz das Unglück über seine Mitmenschen und über sich selbst bringt. Dadurch, dass er sich und sein Interesse in den Mittelpunkt rückt, verbaut er sich die Aussicht auf Vergangenheit und Zukunft sowie auf seine Umwelt. Seine Einstellung anderen gegenüber entbehrt der Elemente der Gerechtigkeit und des Mitgefühls. Er wird zum gemeingefährlichen Amokläufer.

Nun, der Schabbat wurde eingesetzt, damit der Mensch sich wieder an seinen Platz als Geschöpf im Rahmen der Schöpfung erinnere und an die bescheidenen Anfänge seiner Geschichte zurückdenke. Wenn wir den Schabbat richtig verstehen und begehen, wird er auch zum wirkungsvollen Mittel gegen Hochmut und Überheblichkeit. Nutzen wir ihn so!

— • —

Ekew, Deutoronomium 7.12–11.25

Es war einmal in den goldenen Tagen vor vielen, vielen Jahrhunderten, da der weise König Salomo über Israel regierte. Zu jener Zeit lebte in Jerusalem ein Mann, von dem zu Recht behauptet wurde, er sei der reichste Mann im ganzen Lande. Nun war er aber nicht nur über alle Maßen reich, sondern auch unübertroffen geizig und unbarmherzig. Bawsi hieß dieser Mann. Er unterdrückte seine Diener und Mägde und hetzte sie an die Arbeit von früh morgens bis spät am Abend. Und dafür gab er ihnen, da er doch geizig war, einen Hungerlohn, der es ihnen verunmöglichte ihre Familien zu ernähren. Sein schlechter Ruf verbreitete sich im ganzen Lande, sodass seine Engherzigkeit, seine Gier und Geiz zum Sprichwort wurden: „Geizig wie Bawsi." Darüber hinaus gab es in dieser Richtung keine Superlative.

Man sagte über Bawsi, er hätte nie geheiratet, weil er keine Frau und Kinder unterhalten wollte, und man erzählte weiter, dass Bawsi, wenn sein Bruder zu ihm zu Besuch kam und bei ihm speiste, am nächsten Tag seine Diener fasten ließ, um die Unkosten, die ihm die Bewirtung des Bruders verursacht hatte, wieder hereinzuholen. Schlimmer war es noch, als einmal eine erschreckende Dürre das Land heimsuchte und eine Hungersnot die Bevölkerung plagte. All die rechtschaffenen, reichen Bürger öffneten ihre Speicher den Armen und halfen so gut sie unter den Umständen konnten. Nicht so Bawsi! Dieser erkannte sofort die Chance, seinen Reichtum weiter zu vermehren. Er hielt seine Vorratshäuser wohl versperrt und ließ noch zusätzliche Schlösser und Riegel anbringen. Selbstredend verringerte er auch die bereits vorher ungenügenden Rationen für seine Angestellten. Er wurde der größte Schieber seiner Zeit und sein Reichtum vermehrte sich ins Unermessliche.

Das Volk verachtete Bawsi und murrte zornig gegen sein Verhalten. So drang der Bericht über diesen Mann auch zu den Ohren des illustren König Salomo. Sein Zorn entbrannte und er beschloss, Bawsi eine Lehre zu erteilen. Da er aber ein Herrscher des Friedens und der Verständigung war, sah er von der Anwendung polizeilicher Gewalt ab und erdachte sich einen Plan, durch den er hoffte, Bawsi zu belehren.

König Salomo schickte seinen Kämmerer zu Bawsi mit einer Einladung, mit ihm in den königlichen Gemächern des Palastes zu Abend zu speisen.

„Ah, ich habe Gunst in den Augen des Königs gefunden", sinnierte der Geizhals, „wie werden meine Feinde wüten, wenn sie von meinem Glück hören!" Der Tag kam, an dem Bawsi mit dem König speisen sollte. Seiner Natur getreu, aß er an diesem Tage keinen Brocken, denn er wollte sich den Appetit für die königliche Mahlzeit nicht verderben. Am späten Nachmittag kam der Kämmerer und geleitete ihn in ein herrliches Gemach des Palastes. Dort sprach er zu Bawsi: „Der König wird heute mit dir alleine speisen. Verhalte dich genau nach den Regeln, die ich dir jetzt vortragen werden, denn sonst wird der Zorn des Königs gegen dich entbrennen, und wehe dem, den der Zorn Salomos trifft: Du darfst um nichts bitten, weder vom König noch von den Dienern. Was auch immer passieren mag, du darfst nichts fragen und dich nicht beschweren. Und, am wichtigsten, wenn der König dich fragen sollte, wie dir die Gänge munden, musst du begeistert und lobend antworten, auch wenn nicht alles dir gefällt. Wehe dir, wenn du eine dieser Anstandsregeln verletzt!" Mit dieser Warnung ließ er Bawsi alleine.

Nun war das Gemach, in dem Bawsi sich befand, neben der Küche gelegen, und man hatte – wohl absichtlich – einen Spalt der Türe offen gelassen. Oh, welch himmlische Düfte drangen zu Bawsis Nase! Er blickte durch den Spalt auf die Arbeit der Köche und seine Augen rollten in seinem Kopfe, als er die herrlichen Speisen sah, die man für sein Mahl mit dem König vorbereitete. Die Spucke lief ihm im Munde zusammen und sein hungriger Magen knurrte erbärmlichst.

Nach längerer Zeit rief man Bawsi in die Gegenwart des Königs und setzte ihn an den herrlich gedeckten Speisetisch. König Salomo schien guter Laune und Bawsi gewogen zu sein: „Ich hoffe, du wirst dein Mahl genießen", sprach er freundlich zu seinem Gast, „denn du wirst diesen Abend wahrscheinlich niemals vergessen."

Ein Diener trat herein und setzte einen goldenen Teller mit einem goldgebackenen Fisch vor den König. Dieser fing mit offensichtlichem Vergnügen mit seiner Mahlzeit an. Alsbald wurde der leere Teller vom Platz vor dem König weggeräumt, und ein ähnlicher Fisch wurde vor Bawsi serviert. Gerade stellte sich dieser an, den ersten Bissen aufzugreifen, da nahm ein Diener den Teller wieder weg. Gerade wollte Bawsi etwas bemerken, da erinnerte er sich an die Mahnungen des Kämmerers und schwieg. Nun, mit allen weiteren Gängen ging es gleichermaßen vor sich. Der König aß mit Wohlbehagen und gutem Appetit, aber jedes Mal, wenn Bawsi anfangen wollte, sich von den vor ihn hingestellten Speisen zu bedienen, wurden diese kurzerhand wieder weggeholt. Eingedenk der erhaltenen Warnung, gab er sich begeistert und voll des Lobes, wann immer der König fragte, wie ihm die Speisen mundeten. Als die Mahlzeit nach vielen Stunden zu Ende war, fragte der König Bawsi, ob er ihm nicht noch bei der nun folgenden Musik Gesellschaft leisten wolle. Der bereits an Schwäche leidende Bawsi konnte diese Einladung natürlich nicht ausschlagen und als König Salomo ihn dann noch aufforderte, die Nacht doch im Palast zu verbringen, war das Maß der Qual voll.

Natürlich konnte Bawsi jene Nacht nicht schlafen, denn der Hunger zwackte an seinen daran nicht gewöhnten Eingeweiden. „Warum hat mich der König zu einem Abendessen eingeladen, das ich dann nicht essen durfte?", fragte er sich immer wieder.

Geizig war unser Bawsi, dumm aber nicht. Langsam wurde ihm klar, dass ihm eine Lehre verabreicht worden war, und er durch eigene Erfahrung lernen sollte, wie jene

Menschen fühlten, die er ausgelacht und verjagt hatte, wenn sie über ihren Hunger klagten.

Leider erzählt der Bericht, den ich über diese Ereignisse erhalten habe, nicht, in welchem Maße Bawsi sich durch sein Erlebnis im Palast des Königs Salomo veränderte. Hier müssen wir halt unserer Fantasie etwas Spielraum lassen.

Schoftim, Deutoronomium 16.18–21.9

Seitdem der Mensch in Gruppen lebt, von der Familie bis zum Großstaat, beschäftigt ihn das Problem, wer in welchem Maße für die Errichtung und Einhaltung von Gesetz und Ordnung zu sorgen habe. Nur eine verschwindend kleine Minderheit glaubt, es ginge auch ohne solch eine Autorität, wie immer wir sie nennen mögen. An der Spitze der eingesetzten oder selbst ernannten Regierungsmacht steht fast immer eine Person, in deren Amt die Destillation der Macht und Autorität zum Ausdruck kommt, gleich ob sie ihr durch den Willen der Regierten oder durch einen Kraftakt übereignet wurde. Am bekanntesten dafür steht der Titel „König".

In unserem Wochenabschnitt zu diesem Schabbat hat die Bibel etwas Bemerkenswertes zum Thema Macht und Verantwortung zu sagen: „Wenn du in das Land kommst, das der Herr, dein Gott, dir geben will, und du es besetzest und dich darin niederlässest und dann sprichst: ‚Ich will einen König über mich setzen, wie alle Völker rings um mich her', so sollst du einen König über dich setzen, den der Herr, dein Gott, erwählt. Du sollst aus deinen Brüdern einen zum König setzen, du darfst nicht einen Fremden, der nicht dein Bruder ist, über dich setzen. Nur, dass er sich nicht viel Rosse halte und das Volk wieder nach Ägypten führe, um sich viele Rosse zu verschaffen. […] Er soll sich auch nicht viele Frauen nehmen, dass sein Herz nicht abtrünnig werde; auch Gold und Silber soll er nicht zu viel sammeln, […]dass sein Herz sich nicht über seine Brüder erhebe und dass er nicht abweiche von dem Gesetze, weder zur Rechten noch zur Linken, aufdass er lange König bleibe inmitten Israels, er und seine Söhne."

Natürlich müssen wir berücksichtigen, dass dieses Königsgesetz vor mehr als zweieinhalbtausend Jahren auf dem Hintergrund der damaligen Erfahrungen und Denkkategorien niedergelegt wurde; zu einer Zeit, da der Besitz von Rössern militärische Macht und ein umfangreicher Harem Reichtum und Opulenz bedeutete. Und doch lassen sich die bindenden Grenzen königlicher Willkür und Machtausübung klar erkennen. Wollte man aufgrund der Gegebenheiten sich einen König küren, so musste er einer des Volkes sein, weder Fremder noch Ausländer. Er sollte die Wege, Brauchtümer, Traditionen und besonders den Glauben und die Gesetze seines Volkes kennen, ehren und hochhalten. Jeder Versuch, das Volk in fremde Abhängigkeit zu führen, sollte von Anfang an unterbunden werden. Überhaupt ist der mehrmalige Gebrauch des Ausdrucks „Bruder" bemerkenswert, da bestimmt nicht ohne klare Absicht eingesetzt: „ [...] dass sich sein Herz nicht über seine Brüder erhebe." Deutlicher kann nicht ausgesprochen werden, dass Königstitel hin, Krone her, er sich nur als primus inter pares – als Erster unter Gleichen – zu verstehen habe, sein illustres Amt nur verantwortungsbewusster Dienst innerhalb der festgelegten Grenzen sei. Er ist ermahnt, sich nicht militärischen Ambitionen hinzugeben und sich nicht Machtmittel zur Kriegsführung zu beschaffen, schon gar nicht, wenn dies zur Folge haben könnte, Menschen aus seinem Volke in den Dienst und in die Abhängigkeit von Fremden zu führen. Im Verständnis unserer Kommentatoren richtet sich das Gebot gegen den Besitz vieler Frauen gegen die Gefahr ungeeigneter Einflussnahme in Dingen der Regierung. Das dem König auferlegte Verbot zuviel Silber und Gold anzusammeln, bedarf keines Kommentars, denn die immer gegenwärtige Versuchung der Mächtigen, sich auf Kosten ihrer Untergebenen die Taschen zu säumen, ist überall und zu allen Zeiten zu Genüge dokumentiert.

Wenn wir einmal von der Nomenklatur „König" absehen, ist das in der Bibel vorgezeichnete Bild des idealen Regierens noch immer gültig. Der Vergleich zwischen diesem Bild und der von uns immer wieder erfahrenen Wirklichkeit zeigt auf, wie wenig oder wie überhaupt nicht wir im Laufe der Zeit im Bereich des Verständnisses der Grenzen von Regierungsgewalt und Machtausübung vorangekommen sind. Vielleicht ist der Grund darin zu suchen, dass die Bibel und ihre Weisungen zeitlos sind und von daher immer relevant und anwendbar – und der Mensch bleibt eben Mensch.

Schoftim, Deutoronomium 16.18–21.9

Rabbi Wolf war für seine Weisheit, Gradlinigkeit und seinen Gerechtigkeitssinn allerorten berühmt. So geschah es einmal, dass eine arme Frau zu ihm kam, um Gerechtigkeit zu suchen: Bittere Tränen weinend, erzählte sie von einem verlorenen Prozess vor dem lokalen Rabbinatsgericht. Die drei ehrenwerten Richter hatten sie in einer kleinen Besitzfrage nach den Aussagen des Klägers schuldig gesprochen und nun war sie zu Rabbi Wolf gekommen, um von ihm Hilfe zu erbitten. Der weise Rabbi hörte ihr geduldig und aufmerksam zu. Dann tröstete er sie und versprach ihr, über ihre Sache nachzudenken und gegebenenfalls auch etwas zu unternehmen. Es war natürlich keine Bagatelle, den Entscheid eines ordentlichen Gerichtshofes in Frage zu stellen.

Nach ernsthaften Reflexionen ging Rabbi Wolf zu den Kollegen des Gerichtes und bat sie höflich, ihren Spruch in Sachen der armen Frau nochmals zu überprüfen, war ihnen doch in einem wichtigen Punkt ein Fehler unterlaufen. Auch die Rabbiner des Gerichtes waren auf der Suche nach gerechten Entscheidungen und so waren sie schnell bereit, die Akten nochmals zu überprüfen. Siehe da, ein gravierender Fehler war ihnen unterlaufen, der sich entscheidend auf den Urteilsspruch ausgewirkt hatte. Sie revidierten das Urteil zu Gunsten der nun erfreuten und erleichterten armen Frau.

Doch waren die Rabbiner verblüfft, wie Rabbi Wolf dies hatte wissen können und endlich fragten sie ihn, welch geniale Einsicht in die Feinheiten der Rechtsprechung ihm ihren Fehler offenbart hatte. Da antwortete ihnen Rabbi Wolf: „Es waren die Tränen der Frau, die mich überzeugten, dass ihr nicht Gerechtigkeit widerfahren war, denn selbst jemand, der schuldig verurteilt wird, erkennt in seinem Herzen die Gerechtigkeit des Urteils. Vielleicht weint er aus Zorn, Enttäuschung oder Reue, aber die Tränen dieser Frau waren die bitteren Tränen eines Menschens, dem Gerechtigkeit vorenthalten wurde. Deshalb wusste ich, dass ihr einen Fehler gemacht haben musstet!"

Der Torahwochenabschnitt, der diesen Schabbat in den Synagogen zum Vortrag kommt, trägt die Überschrift Schoftim, also Richter. Hier erhebt die Weisung den Grundsatz der Gerechtigkeit zu einem ewigen, bedingungslos anzunehmenden Gebot, in einer ähnlichen Kategorie wie das Gebot der Nächstenliebe, und gleich ihm unendlich schwer – wenn nicht unmöglich – zu erfüllen. Mit folgenden Worten beginnt die Lesung: „Richter und Aufseher sollst du dir einsetzen in allen deinen Toren, die der Ewige, dein Gott, dir gibt nach deinen Stämmen, und sie sollen das Volk richten in gerechtem Gericht. Du sollst das Recht nicht beugen, du sollst kein Ansehen kennen und keine Bestechung annehmen; denn die Bestechung blendet das Auge der Weisen und verkehrt die Worte der Gerechten. Gerechtigkeit, Gerechtigkeit, ihr sollst du nachgehen, auf dass du lebst und das Land in Besitz nimmt, das der Ewige, dein Gott, dir gibt."

Zwei weitere Stellen aus der Torah, aus dem zweiten sowie aus dem fünften Mosesbuch, erleuchten diese Forderung nach Gerechtigkeit. Dort heißt es: „Du sollst das Recht des Armen in seiner Streitsache nicht beugen. Vom Wort der Lüge halte dich fern. Den Schuldlosen und Gerechten sollst du nicht töten, denn ich werde den Schuldigen nicht Recht behalten lassen. Und Bestechung sollst du nicht nehmen, denn Bestechung blendet die Sehenden und verkehrt die Worte der Gerechten. Und den Fremdling sollst du nicht bedrücken, ihr kennt ja das Gemüt des Fremdlings, dieweil ihr Fremdlinge wart im Lande Ägypten." Und weiter steht geschrieben: „Verhört zwischen euren Brüdern und richtet nach Gerechtigkeit zwischen einem Mann und seinem Bruder oder seinem Fremdling. Ihr sollt kein Ansehen kennen im Gericht, den Geringen sollt ihr wie den Großen anhören, fürchtet niemanden, denn das Gericht ist Gottes!"

Man braucht diese Sätze nur bewusst mit der Wirklichkeit der Rechtsprechung und dem Gebaren der Justizbehörden in vielen Ländern der Erde vergleichen, um festzustellen, dass die Verwirklichung des Prinzips der Gerechtigkeit genauso wenig Tatbestand unseres Lebens geworden ist, wie das Gebot der Nächstenliebe. Ja, möglicherweise ist letztes noch etwas einfacher, da wir uns zumindest im Bereich der Liebe an unseren Erfahrungen im Bereich der zwischenmenschlichen Beziehungen, besonders zwischen den Geschlechtern und den Generationen, orientieren können. Leider scheint es ein trauriger Tatbestand geschichtlicher Erfahrung zu sein, dass der Stand der sogenannten Diener des Rechtes in Selbstherrlichkeit, Arroganz, selbstzufriedener Überheblichkeit und falscher Berufsloyalität wohl nur in den Rängen der Herrschenden und der Bürokraten seinesgleichen findet, Ausnahmen natürlich niemals ausgeschlossen. Wie oft sehen wir die großen Verbrecher gegen Mensch und Natur freigesprochen und den kleinen Fisch von der ganzen Härte des Gesetzes getroffen. Der Bau einer Giftgasfabrik steht hier einem mittleren Diebstahl aus dem Supermarkt gleich.

Natürlich ist des Richters Amt kein leichtes. Was ist gerecht? Wer kann schon die unterschiedlichen Umstände im Umfeld eines in Frage stehenden Tatbestandes so bewerten, dass er immer die für alle Betroffenen gerechte Antwort findet? So ist wohl Gerechtigkeit in ihrer Vollendung nicht zu erreichen, und wir müssen uns damit begnügen die biblische Weisung wörtlich zu nehmen, wenn es heißt: „Zedek, zedek tirdof – der Gerechtigkeit, ja, der Gerechtigkeit sollst du nachjagen. Wir sind angehalten, die Gerechtigkeit so gut und weit wie möglich zu verwirklichen, die Tränen der Enttäuschten so gering wie möglich zu halten. Das Streben – das erkennbare Streben – nach Gerechtigkeit und die öffentliche Unbestechlichkeit und Unvoreingenommenheit der Diener des Rechtes in einer Gesellschaft sind ein guter Messwert ihrer Gesundheit.

Nun lassen Sie mich mit noch einer Geschichte über Rabbi Wolf schließen: Eines Tages machte die Frau von Rabbi Wolf ein großes Aufsehen, wegen eines angeblichen Diebstahls seitens einer ihrer Hausangestellten. Diese Magd sollte etwas sehr wertvolles entwendet haben. Die Magd, eine Waise, beteuerte ihre Unschuld, doch die Frau des Rabbi Wolf ließ sich nicht überzeugen. „Wir werden das Rabbinatsgericht entscheiden lassen", schnaubte sie. Als Rabbi Wolf sah, wie seine Frau sich anstellte zum Gerichtsort zu gehen, zog er seine Schabbatkleidung an. „Warum tust du das", fragte ihn seine Frau, „du weißt doch, dass es dir unwürdig ist, in solch einem Fall mit mir vor Gericht zu erscheinen. Ich kann meine Sache schon alleine vorbringen!" – „Dessen bin ich mir sicher", antwortete ihr Rabbi Wolf, „aber wer wird für die Sache deiner Magd, der armen Waise, plädieren? Ich muss dafür sorgen, dass auch ihr Gerechtigkeit widerfährt."

<hr>

Ki Teze, Deutoronomium 21.10-25.19

Stellen Sie sich in Ihrer Fantasie vor, Sie seien plötzlich in eine unwegsame Wüste versetzt. Wie Sie möglicherweise dahin gekommen sind, stellen wir momentan zur Seite, da es für unsere Überlegungen nicht relevant ist. Einzig wichtig ist: Sie wissen, dass Sie sich retten können, vorausgesetzt, Sie gehen in die richtige Richtung. Sicherheit ist erreichbar, wenn Sie den richtigen Weg wählen. Aber wie wäre dieser zu finden? Wie können Sie richtig wählen, würde doch eine arbiträre Entscheidung in aller Wahrscheinlichkeit den sicheren Tod bedeuten? Denn wie groß wäre schon die Wahrscheinlichkeit, dass Sie, von den unzähligen Möglichkeiten, gerade die einzige, rettende wählen würden? Anders – ganz, ganz anders – stünde die Sachlage, und damit die Chance auf Rettung, wenn Sie irgendein wie auch immer geartetes Zeichen hätten, das Ihnen die Richtung angäbe, die Sie einzuschlagen hätten, um den rettenden Ort zu erreichen. Wir können es unserem Einbildungsvermögen überlassen sich auszumalen, wie solche Zeichen aussehen könnten: vielleicht steinerne Wegmarken längs eines alten Karawanenwegs, die Ausrichtung der Sanddünen oder die Formation der Zweige auf den wenigen Büschen und fast verdorrten Bäumen in unserem Blickfeld. Wir brauchen nur etwas, irgendetwas, das uns die einzuschlagende Richtung weist und uns, von Zeit zu Zeit, verifizieren lässt, dass wir von ihr nicht abgekommen sind. Der Weg ist möglicherweise nicht gerade. Felsen und Abgründe müssen umgangen werden, Gefahrenstellen vermieden. Deshalb sind wir darauf angewiesen, ab und zu weitere Orientierungshilfen zu erhalten, um unsere Richtung nicht zu verlieren.

Lassen Sie mich nun die Verbindung zwischen dieser Fantasieübung und dem Wochenabschnitt im Einzelnen sowie der Torah im Allgemeinen herstellen. Die Torah enthält unter anderem eine Vielzahl von Geboten und Verboten, sodass, wohl irreführend, der Begriff Torah öfters als „das Gesetz" übersetzt wird. Der Abschnitt, der diese Woche in den Synagogen zum Vortrag kommt – er trägt die Überschrift Ki Teze – enthält eine Anzahl dieser Vorschriften, und zwar aus den verschiedensten Bereichen des Lebens. Eine besondere Systematik lässt sich in der Auswahl schwer erkennen.

So erfahren wir etwas über die Behandlung von Kriegsgefangenen, vom unabdingbaren Erbrecht des Erstgeborenen, der Pflicht des Gehorsams den Eltern gegenüber sowie von der respektvollen Behandlung des Körpers eines Hingerichteten. Weiter befasst sich die Torah hier mit dem Schutz der Tiere und der Sorgfalt, die man dem verlorenen Gut des Mitmenschen angedeihen lassen soll. Auch Bauvorschriften zum Schutz des Lebens, Erlasse zur Hygiene im Lager, Gesetze gegen sexuelle Ausschweifungen, Verfügungen im Eherecht werden niedergelegt. Und dann lenkt die Torah ihr Augenmerk auf die Bedingungen des ehrlichen Handels und der Aufrichtigkeit im Geschäftsverkehr zwischen den Menschen. Nachdem all diese Themen in wenigen Kapiteln angesprochen werden, ist klar, dass sie nicht ausführlich und umfassend besprochen werden, sondern nur Grundsätzliches kurz und bündig dargelegt wird. Wie jedes Gebot oder Verbot im Rahmen der unzähligen möglichen Situationen im praktischen Leben angewendet werden soll, ist nicht vorgegeben, sondern muss vom immerwährenden Prozess der Auslegung ergründet werden. Nicht eine totale, in allen Einzelheiten geregelte Gesellschaftsordnung wird von der Torah beschrieben, sondern in kargen und verhältnismäßig wenigen Federstrichen wird ein Bild entworfen, dessen Züge klar definiert sind, ohne dass seine Einzelheiten sichtbar werden. Dem Menschen ist die Aufgabe gestellt, dieses Bild für jede Zeit und alle Umstände zu vollenden, ohne dabei den vorgegebenen Rahmen zu sprengen.

Dieser Rahmen, dieses von der Torah angedeutete Bild, ist die ideale menschliche Gesellschaftsordnung; der Mensch in Harmonie mit der Umwelt und mit seinesgleichen. Dies ist die Gesellschaftsordnung, in der die Propheten das Umschmieden der Kriegswaffen in nützliche Produktionsmittel und das Ende des Kampfes als Mittel zur Lösung von Auseinandersetzungen zwischen den Menschen sehen. Das ist die Zeit, in der alle Völker versuchen, auf den Wegen Gottes zu gehen. Es ist gerade dieser Hinweis auf einen Weg, der das eingangs angeführte Gleichnis des Menschen in der Wüste erklären soll. Der Weg Gottes ist der Weg der Schöpfung; das heißt, die Art der Menschen, ihre Gesellschaftsordnung so einzurichten, dass sie im Gleichgewicht und in Harmonie mit der Schöpfung in ihrer Gesamtheit steht. Jede Abweichung bedeutet Unfrieden und Störung. Dieses Ziel der Harmonie und des Friedens kann nicht durch ausschließlich auf den Menschen und seine engen Interessen ausgerichtete Entscheidungen erreicht werden.

Die Parameter der Entscheidungen müssen von immergültigen Vorlagen bestimmt werden, welche die Willkür menschlicher Triebe und Machtgelüste zügeln und sie in konstruktive Bahnen lenken. Anders gesagt: Es gibt viele, viele Richtungen, unter denen wir wählen können. Nur eine davon führt zur Erfüllung unseres Sehnens nach Frieden und Harmonie. Dieser Weg ist keine Autobahn und keine ausgebaute Straße. Man kann ihn auf vielen Arten gehen, mit Umwegen, Rastpausen, die bequeme Trasse suchend, oder ungeduldig der Vogellinie folgend über Stock und Stein die kürzeste Strecke suchen. Nur die Richtung muss stimmen, der Pfade gibt es viele. Die Grundsätze, die man aus den in der Torah enthaltenen Geboten erarbeiten kann, sind die Wegweiser, an denen wir uns, was Richtung betrifft, orientieren können, ohne dass sie die Einzelheiten des Weges beschreiben. Ohne sie wären wir in der Wüste der komplexen Lebensrealitäten führungslos verloren.

Vielleicht erklärt dieses Bild die Begeisterung und Hingabe, mit der das Judentum an der Torah und ihren Gesetzen festhält, wie es die Liturgie ausdrückt: „[…] denn sie ist unser Leben und die Länge unserer Tage." Und über sie konnte der hebräische Dichter und Schriftsteller Chajim Nachman Bialik sagen: „Die Torah ist nicht Gesetz und Glaube allein, auch nicht Ethik, Gebot oder Weisheit allein und auch nicht eine Verbindung all dieser, sondern ein erhabener und unvergleichbarer, geheimnisvoller Begriff, der seine Kraft fast aus den Höhen und Tiefen eines kosmischen Begriffes schöpft. Die Torah ist das Handwerkszeug des Weltenschöpfers, mit ihr und um ihretwillen hat er die Welt erschaffen."

Ki Tawo, Deutoronomium 26.1-29.8

Mahnt uns der liturgische Text, dass ein guter Name allemal besser sei als jeder materielle Besitz, meint er bestimmt nicht einen Adelstitel oder den Hinweis auf die Zugehörigkeit zu einer bekannten und hochangesehenen Familie. Das sieht der gewöhnliche Sterbliche oft anders und der Name, den er schätzt, ist einer, mit dem er in seinem Umfeld Staat machen kann, der ihn über die Masse seiner Mitmenschen erhebt. Wie genussvoll ist es dann auch, wenn unser Familienstammbaum irgendeine bemerkenswerte Berühmtheit enthält oder unser Name auf die noble Abstammung von einem adeligen Geschlecht hinweist: wobei es gar nichts ausmacht, ob die Ahnen von einst sich eines guten oder ganz und gar miserablen Leumunds erfreuten. Hauptsache ist, mit der Nennung unseres Namens treiben wir den Neid in die Züge unserer Gesprächspartner.

Wie steht es aber, wenn das Gegenteil der Fall ist? Wer gibt schon gerne zu, er stamme von einer als minderwertig angesehenen Klasse oder Volksgruppe ab, oder seine Ahnen seien unter den niedrigen Berufen der Gesellschaft zu finden gewesen? Das Vorgeben von Unkenntnis scheint dem Zugeständnis man stamme von ehemaligen Sklaven oder Häftlingen ab, vorzuziehen zu sein. Aber gerade solch ein Bekenntnis zu einer unliebsamen, niedrigen Abstammung wird dem jüdischen Volk abverlangt. In aller Öffentlichkeit und ohne Zurückhaltung soll es sich zu solch einer Herkunft bekennen. Niemals sollte vergessen oder verheimlicht werden, dass die ersten Vorväter wandernde Nomaden aus Mesopotamien und geknechtete Sklaven in Ägypten waren.

Aber: Mensch bleibt Mensch, auch wenn er Israelit ist, und wer vergisst nicht gerne eine niedrige Abstammung? Um gegen den natürlichen Hang zur Vergesslichkeit und die Versuchung zur Überheblichkeit und Selbstherrlichkeit zu steuern, legt die Bibel Regeln nieder, die ein Bekenntnis zu den bescheidenen Anfängen des Volkes zum religiösen Ritual erheben. Diese finden wir im Wochenabschnitt Ki Tawo, der diesen Schabbat in den Synagogen verlesen wird.

Darin finden wir genaue Anweisungen, wie die Darbringung der Erstlingsfrüchte zum Wochenfest, Schawuot, zu erfolgen hatte. Der nach Jerusalem auf Pilgerfahrt gekommene Israelit brachte die ersten reifen Früchte seiner Bäume in den Tempel. Bevor er den Korb einem der diensttuenden Priester übergab, sprach er eine stolze Formel, die an die immerwährende Verbindung zwischen dem Volk und dem Land Israel erinnerte: „Ich bezeuge heute dem Herrn, meinem Gott, dass ich in das Land gekommen bin, von dem der Herr unseren Vätern geschworen hat, dass er es uns geben wolle." Nach diesen Worten reichte er dem Priester seinen Korb und sprach:

„Ein umherwandernder Aramäer war mein Vater; der zog hinab mit wenig Leuten nach Ägypten und blieb daselbst ein Fremdling und ward dort zu einem großen, starken und zahlreichen Volke. Aber die Ägypter misshandelten uns und bedrückten uns und legten uns harte Arbeit auf. Da schrieen wir zu dem Herrn, dem Gott unserer Väter, und der Herr erhörte uns und sah unser Elend, unsere Mühsal und Bedrückung, und der Herr führte uns heraus aus Ägypten mit starker Hand und mit ausgestrecktem Arm, unter großen Schrecknissen, Zeichen und Wundern, und brachte uns an diesen Ort und gab uns dieses Land, das von Milch und Honig fließt."

Aus Berichten in der jüdischen Literatur der Periode des Zweiten Tempels und aus der Zeit nach seiner Zerstörung können wir klar ersehen, dass die biblischen Vorschriften über die Darbringung der Erstlingsfrüchte genauestens eingehalten wurden. Auch im Ritual des zweiten Hauses, bis zu seiner Zerstörung im Jahr 70 unserer Zeitrechnung, wurde die zitierte Formel unverändert gesprochen. Von da an wurde das Bekenntnis zur niedrigen und bescheidenen Abstammung des Volkes Israel in den häuslichen Gottesdienst am Vorabend des Pessachfestes verlegt, und so ist es bis auf den heutigen Tag.

Man beachte wohl den genauen Wortlaut dieser Erklärung. Er lässt keinen Zweifel aufkommen, worum es hier geht. Die Möglichkeit, sich hinter dem langen Zeitabstand seit den Anfängen zu verstecken, wird nicht gewährt. Die geschichtliche Dimension wird geschrumpft, damit wir selbst die Bedeutungslosigkeit unseres Anfangs verspüren, und damit die ganze Enormität und Huld der göttlichen Erwählung. Der Arroganz, Überheblichkeit und der Selbstherrlichkeit sollte auf alle Zeiten jeder Boden entzogen werden. Eindeutig sollte uns klar gemacht werden, dass weder Verdienst noch edle Abstammung uns die Wahl Gottes und seine Verheißung gebracht haben. Nur aufgrund des Bundes, den Gott nach seinem freien Willen gerade mit diesen einfachen, unbedeutenden Ahnen geschlossen hat, stehen wir auf unserem Platz in der Heilsgeschichte der Menschheit. Diese Lehre dürfen wir niemals vergessen.

Zwar erstreckt sich die biblische Vorschrift zur Bescheidenheit mahnend in erster Linie auf die Kinder Israel. Sie dient aber genauso als Lehrstück für alle Menschen, zu welchem Volk oder Glauben sie auch gehören mögen. Es gereicht keinem zum Vorteil und zur Ehre, wenn er seine Abstammung auf Helden der Vergangenheit zurückverfolgt, um sich damit zu brüsten und anzugeben. Wenn man die biblische Erzählung zurückverfolgt, kommt ein jeder bei der Geschichte der Sintflut und darüberhinaus bei Adam und Eva an. Wie man diese Berichte auch interpretieren mag, ihre Absicht, den gleichen Ursprung aller Menschen und damit ihre Verbundenheit und die Gleichheit ihrer Herkunft festzuschreiben, ist unübersehbar. Jeder, der gleich den Juden, die entferntesten Ahnen als seine Väter und Mütter akzeptieren kann, wird vor dem folgerichtigen Schritt, die Mitmenschen seiner Gegenwart als Brüder und Schwestern zu erkennen, nicht zurückschrecken. Damit wären wir alle einen großen Schritt weiter.

Rabbiner Dr. hc. Henry G. Brandt

Geboren 1927 in München. 1939 Flucht der Familie über England nach Palästina. Nach Gründung des Staates Israel Teilnahme am Unabhängigkeitskrieg von 1948. 1951 bis 1955 Studium der Wirtschaftswissenschaften an der Queen's University of Belfast. 1957 bis 1961 Rabbinerstudium am Leo Back College in London. Rabbiner in Leeds, Genf, Zürich (Gründungsrabbiner der Liberalen jüdischen Gemeinde Or Chadasch) und Göteborg. von 1983 bis 1995 Landesrabbiner der Jüdischen Gemeinden von Niedersachsen mit Sitz in Hannover, von 1995 bis 2004 Landesrabbiner von Westfalen-Lippe in Dortmund. Seit 2004 Gemeinderabbiner der Israelitischen Kultusgemeinde Schwaben-Augsburg und Rabbiner der Jüdischen Kultusgemeinde Bielefeld.

Vorsitzender der deutschen Allgemeinen Rabbinerkonferenz, jüdischer Vorsitzender des Deutschen Koordinierungsrates der Gesellschaften für christlich-jüdische Zusammenarbeit, Mitglied des Vorstandes der Buber-Rosenzweig-Stiftung und langjähriges Mitglied im Gesprächskreis „Christen und Juden" beim Zentralkomitee der deutschen Katholiken.